投资问道

胡华成 · 著

揭秘投资人
看项目的
底层逻辑

中国科学技术出版社

·北京·

图书在版编目（CIP）数据

投资问道：揭秘投资人看项目的底层逻辑 / 胡华成
著 . -- 北京 : 中国科学技术出版社 , 2025. 5. -- ISBN
978-7-5236-1352-8

Ⅰ . F275.1

中国国家版本馆 CIP 数据核字第 2025PN0675 号

策划编辑	何英娇	责任编辑	何英娇
封面设计	东合社	版式设计	蚂蚁设计
责任校对	焦　宁	责任印制	李晓霖

出　　版	中国科学技术出版社
发　　行	中国科学技术出版社有限公司
地　　址	北京市海淀区中关村南大街 16 号
邮　　编	100081
发行电话	010-62173865
传　　真	010-62173081
网　　址	http://www.cspbooks.com.cn

开　　本	880mm×1230mm　1/32
字　　数	185 千字
印　　张	9.75
版　　次	2025 年 5 月第 1 版
印　　次	2025 年 5 月第 1 次印刷
印　　刷	大厂回族自治县彩虹印刷有限公司
书　　号	ISBN 978-7-5236-1352-8/F・1368
定　　价	69.00 元

自序

在当今这个充满无限可能与重重挑战的商业世界里，投资与融资就如同照亮企业前行道路的明灯，成为个人和企业实现财富增长、追求梦想的关键途径。然而，这并非一帆风顺的旅程，而是充满曲折与变数的征程。

投资，绝非盲目跟风的冲动之举，而是一场需要深入洞察、精准判断和明智决策的智慧博弈。在这个复杂多变的经济环境中，《投资问道：揭秘投资人看项目的底层逻辑》这本书应运而生，它宛如一座灯塔，为投资者照亮了前行的道路，引领我们探寻企业投资的终极奥秘。

投资的世界宛如一座错综复杂的迷宫，企业的发展更是如同风云变幻的棋局。要在众多的投资选项中做出明智的抉择，我们必须如同经验丰富的探险家，深入了解企业的本质，从多个维度剖析其内在的价值和潜力。这不仅要求我们拥有扎实的财务知识，能够精准解读企业的财务报表，评估其赢利能力和偿债能力；还需要具备敏锐的市场洞察力，能够及时捕捉市场的细微变化，把握行业的发展趋势。同时，我们更要能够把握行业的脉搏，理解商业模式的优劣，准确预测未来的发展走向。

在本书的第一篇"问道公司本真"中，我们深入探讨了公司的业务模式和核心竞争力，这无疑是理解一家公司的基石。明确公司的主要收入来源及其多元化程度，能让我们清晰知晓公司的财务稳定性和增长潜力。了解公司的业务模式是否易被模仿，有助于评估其竞争壁垒的高低。探究公司的核心竞争力基于何种因素以及能否持续，能使我们预测公司在未来市场中的地位。思考公司的业务模式能否适应市场变化和技术创新，能让我们判断其是否具有与时俱进的能力。与同行业相比核心竞争力的独特之处，以及强化核心竞争力的计划，则充分展示了公司的差异化优势和发展战略。

行业是企业生存和发展的广阔天地，第二篇"问道行业真谛"引导我们全面审视行业的方方面面。行业的发展前景直接决定了企业的成长空间，技术进步的速度、国际贸易政策等外部因素的影响，新进入者的门槛高低，行业内的整合趋势，以及产能供需状况，都直接或间接地影响着企业的命运。行业的竞争态势和企业在其中的地位，决定了企业的市场份额和赢利能力。而行业的技术趋势和创新，则关乎企业的生存与发展，周期性和季节性因素更是对企业的运营策略和财务状况产生了深远影响。

市场是企业价值实现的舞台，第三篇"问道市场玄机"

帮助我们洞察市场的微妙之处。明确公司的目标市场和客户群体，能使我们了解其产品或服务的定位和需求基础。公司的市场份额和增长率反映了其在市场中的竞争地位和发展速度，客户的满意度和忠诚度则是企业长期发展的基石。销售渠道和营销策略的有效性，决定了产品或服务能否高效地触达客户，而对大客户的依赖程度则影响着企业的业务稳定性。

技术是推动企业进步的核心力量，第四篇"问道技术精髓"聚焦于企业的技术实力和研发能力。了解公司的技术专利、研发投入、团队构成、创新计划以及技术合作关系，能够评估其在技术领域的竞争力和创新潜力，从而预测其在未来市场中的技术领先地位和产品升级能力。

商业模式是企业赢利的根本逻辑，第五篇"问道商业妙理"深入剖析公司商业模式的可持续性和扩展性，运营效率和成本控制的水平，生产能力和质量控制的能力，以及供应链和合作伙伴关系的稳定性。这些因素共同决定了企业的赢利能力和抗风险能力，是企业长期发展的关键支撑。

风险是投资过程中无法回避的因素，第六篇"问道风险要诀"提醒我们要时刻保持警惕。市场需求的波动、竞争对手的挑战、技术更新的压力、财务状况的不确定性、经营环节的意外、政策法规的变化，以及宏观经济环境的起伏，都可能给企业带来冲击。只有提前识别风险，制定有效的应对措施和预案，关注法律合规风险，我们才能在投资道路中稳健前行。

对于有上市计划的公司，第七篇"问道上市法门"提供了全面的指导。了解公司是否符合上市条件、股权结构和治理结构是否合理、上市计划和时间表是否清晰、辅导机构和保荐人的选择是否恰当，以及上市过程中可能面临的挑战和问题，对于投资者做出正确的决策至关重要。

第八篇"问道价值密钥"帮助我们解开投资价值的密码。评估公司的估值是否合理，预测预期的投资回报率，规划投资的退出机制和时间周期，分析公司的成长性和赢利能力对投资回报的影响，理解市场情绪和宏观经济因素对估值的作用，以及权衡投资决策的风险和收益比，这些都是实现投资成功的关键环节。

第九篇"箴言献策"将为你带来更多具有实操性的指导。

箴言献策一：企业持续发展的 21 个策略与成功之道！在激烈的市场竞争中，企业要想立于不败之地，持续发展至关重要。这 21 条策略涵盖了从战略规划到团队建设，从创新驱动到客户服务等多个方面，为你揭示企业长期繁荣的秘诀。

箴言献策二：企业想要融资成功的 14 个关键要素！融资是企业发展的重要助力，但成功并非偶然。这 14 个关键要素将帮助你精准把握融资的核心要点，提升融资的成功率。

箴言献策三：创始人与投资人之间的 14 种关系！创始

人与投资人之间的良好关系是企业发展的重要保障。这 14 种关系将指导你如何建立、维护和优化这种关系，实现双方的共赢。

在投资的漫漫征程中，每一个问题都是一道关卡，每一个答案都是一把钥匙。《投资问道：揭秘投资人看项目的底层逻辑》不仅是一本知识的宝库，更是一本引导我们思考和行动的指南。它帮助我们打破表象，深入本质，以理性和智慧做出投资决策。

然而，我们必须清晰地认识到，投资并非一蹴而就的过程，也不存在绝对的标准答案。市场是动态变化的，新的机遇和挑战不断涌现。但通过对这些问题的深入思考和研究，我们能够显著提高投资决策的准确性和可靠性，降低风险，增加成功的概率。

作为一名在商海砥砺前行的企业家，我也深知企业的发展如同在波涛汹涌的大海中航行，既充满了无限机遇，也潜伏着重重挑战。在企业不断成长壮大的征程中，融资无疑是至关重要的一环。它宛如为企业注入的强大动力，推动着企业向着更高的目标破浪前行。

然而，融资并非一件轻而易举就能完成的简单任务，而是一门需要精心钻研、深入领会的高深技术活。在与众多企业家的交流过程中，我深切地感受到了他们在融资道路上的迷茫与困惑。许多企业家在面对投资人时，往往因为不清楚投资人的关注焦点和侧重点，而错失了宝贵的融资机会，甚至让企业的发展陷入困境。

正因如此，在智和岛集团——一家专注于上市陪跑服务的机构，我们见证了无数企业家在融资过程中的起伏跌宕。我们深刻地意识到，若能提前揭示投资人在投资决策时最为关注的核心问题，让企业家们心中有数、有的放矢，无疑将为他们的融资之旅点亮明灯，减少不必要的弯路和陷阱。

这本《投资问道：揭秘投资人看项目的底层逻辑》不仅是投资者考察项目的基石，也是企业家的融资坐标。在这本书中，我们精心梳理并总结的资本投资时最为关注的 36 个关键大问题，也涵盖了企业融资时需要关注的各个重要层面。

这些问题不仅能帮助你打开思考的大门，更能让你深入地了解投资人的视角和关注点。

通过研读这本书，你将能够预知投资人的关注点，从而在融资过程中更加从容自信。你可以发现企业在融资过程中的不足之处，有针对性地进行改进和完善。例如，可能会发现公司的财务状况不够透明，或者业务模式在市场变化面前缺乏弹性。了解这些问题，提前做好准备，将大大提高融资的成功率。

在此，我衷心地希望每一位读者都能从这本书中获得启

示和帮助，也期待与大家共同探讨企业发展的无限可能，携
手共创美好未来！

智和岛集团创始人　胡华成

目录

第一篇
问道公司本真

 一 公司的业务模式和核心竞争力是什么？

- 公司的主要收入来源是什么？是否多元化？

- 公司的业务模式是否容易被模仿或复制？

- 公司的核心竞争力是基于技术、成本、品牌、渠道还是其他因素？这种竞争力在未来几年是否能够持续？

- 公司的业务模式是否能够适应市场变化和技术创新？

- 与同行业其他公司相比，公司的核心竞争力有何独特之处？

- 公司是否有计划进一步强化其核心竞争力？

投资者的提问

当投资人提出关于公司业务模式和核心竞争力的一系列问题时，这并非仅仅是表面的询问，而是对企业生存与繁荣的深度关切，对其未来命运的审慎考量。

"公司的主要收入来源是什么？是否多元化？"这一问题直抵企业经济命脉的核心。明确主要收入来源是理解企业运营的基础，它反映了企业当前的核心业务和市场定位。若收入来源单一，企业在面临该领域的市场波动、竞争加剧或政策调整时，可能会陷入困境。反之，多元化的收入结构则像一把坚固的伞，在风雨来临时为企业提供多方位的保护。以科技行业为例，一家仅依赖某一款软件产品销售获取主要收入的公司，一旦该产品市场饱和或出现更具竞争力的替代品，其业绩可能会大幅下滑。然而，若公司在软件服务、数据咨询、硬件设备等多个领域均有稳定的收入贡献，那么即使某个业务板块遭遇挫折，其他板块仍能支撑企业的整体运营。这种多元化不仅降低了风险，还为企业创造了更多的增长机会。

"公司的业务模式是否容易被模仿或复制？"此问题则聚焦于企业的独特性和竞争壁垒。在竞争激烈的市场中，一个易于模仿的业务模式意味着企业随时可能面临众多竞争对手的围剿，利润空间将被不断压缩。而那些拥有难以复制的业务模式的企业，往往凭借着独特的技术专利、深厚的行业经验积累、复杂的供应链网络或强大的品牌忠诚度，构筑起坚固的城墙，将潜在的竞争者拒之门外。比如，一家拥有独特制造工艺和严格专利保护的高端制造企业，其竞争对手很难在短时间内复制其生产流程和产品品质，从而确保了该企业在市场中的独特地位。

当探讨"公司的核心竞争力是基于技术、成本、品牌、渠道还是其他因素？这种竞争力在未来几年是否能够持续？"

时，我们实际上是在审视企业的根基和未来的生命力。技术驱动型的企业可能在短期内凭借创新的技术解决方案占据市场领先地位，但科技发展日新月异，如果不能持续投入研发、保持创新，很容易被新技术超越。成本优势在某些行业中至关重要，然而原材料价格波动、劳动力成本上升以及竞争对手的优化策略都可能削弱这一优势。品牌的力量不容小觑，一个深入人心的品牌能够在消费者心中建立起信任和情感联结，但品牌形象的维护需要长期的市场投入和良好的口碑积累。渠道优势能确保产品或服务快速有效地触达消费者，但市场格局的变化、新兴销售模式的出现都可能对传统渠道构成挑战。只有那些能够准确判断自身核心竞争力的构成要素，并制定有效战略以保持和强化这些优势的企业，才能在未来的市场竞争中立于不败之地。

再看"公司的业务模式是否能够适应市场变化和技术创新？"这一问题，它检验的是企业的灵活性和应变能力。市场如同多变的气候，时而风和日丽，时而狂风骤雨；技术创新则像汹涌的潮流，不断推动着行业的前进。那些僵化、守旧的业务模式注定会被淘汰，而具备敏锐洞察力和快速响应能力的企业能够顺势而为，及时调整战略、优化流程、推出新产品或服务，从而在变革中抓住机遇。以传统零售行业为例，面对电子商务的崛起，许多企业因未能及时调整业务模式，陷入了困境；而那些积极拥抱数字化转型、融合线上线下销售渠道的企业，则成功实现了华丽转身，继续在市场中绽放光彩。

"与同行业其他公司相比，公司的核心竞争力有何独特之处？"这个问题促使企业进行自我审视和横向对比。在一个拥挤的市场中，独特性是脱颖而出的关键。企业需要清晰地认识到自身与竞争对手的差异，无论是在产品特性、服务质量、价格策略还是客户体验方面。只有明确了自身的独特卖点，才能有的放矢地进行市场定位和品牌推广，吸引目标客户群体，从而在激烈的竞争中占据一席之地。比如，在智能手机市场，有的品牌以卓越的摄影功能吸引消费者，有的则以超长的电池续航能力为卖点，还有的凭借高度定制化的操作系统赢得用户青睐。

"公司是否有计划进一步强化其核心竞争力？"这是对企业战略眼光和前瞻性思维的考验。即使企业当前拥有显著的核心竞争力，也不能故步自封。市场在不断进化，竞争对手在不断进步，企业必须未雨绸缪，制订切实可行的计划来巩固和提升自身的优势。这可能包括加大研发投入、拓展市场渠道、优化供应链管理、加强人才培养与引进等一系列举措。只有不断强化核心竞争力，企业才能在激烈的市场竞争中持续领先，为投资者创造长期稳定的价值。

综上所述，投资人提出的关于公司业务模式和核心竞争力的这些问题，对于企业而言，是一面镜子，反射出企业的真实状况和潜在问题；是一座灯塔，指引着企业前进的方向；更是一剂催化剂，激发企业不断反思、创新和进取。企业家们应当认真对待这些问题，深入思考，制定出科学合理的发展战略，以实现企业的可持续发展，同时也为投资者带来丰厚的回报。

在当今复杂多变的商业环境中，企业面临着前所未有的挑战和机遇。全球经济的一体化、新兴技术的快速发展、消费者需求的日益多样化以及市场竞争的白热化，都要求企业具备高度的敏锐性和适应性。而投资人的提问，恰恰为企业提供了一个从外部视角审视自身的机会，帮助企业打破内部的思维局限，更全面、更客观地认识自己。

从企业内部管理的角度来看，回答这些问题有助于企业明确自身的战略重点和资源配置方向。通过深入分析主要收入来源和业务模式的可复制性，企业能够更好地评估各个业务板块的价值和风险，从而合理分配人力、物力和财力资源。对于核心竞争力的持续评估和强化计划的制订，能够促使企业不断优化内部流程、提升团队能力、加强技术研发，从而提高整体运营效率和创新能力。

在市场营销方面，清晰了解自身的独特卖点和与竞争对手的差异，能够帮助企业更精准地定位目标客户群体，制定更具针对性的营销策略。企业可以根据市场变化和技术创新趋势，及时调整产品或服务的特性和推广方式，以满足消费者不断变化的需求，增强品牌的吸引力和竞争力。

在企业发展的长远规划上，对业务模式可持续性和适应能力的思考，能够引导企业提前布局，把握行业发展的脉搏，及时调整战略方向，抓住新的市场机遇，避免被市场淘汰。同时，积极强化核心竞争力的计划有助于企业在长期的市场竞争中保持领先地位，实现稳健的增长和持续的价值创造。

此外，对于投资者而言，企业对这些问题的清晰回答和有效应对，是他们做出投资决策的重要依据。投资者希望看到企业具备清晰的发展思路、强大的竞争优势和可持续的赢利能力。只有当企业能够充分展示其对业务模式和核心竞争力的深刻理解，并制定出切实可行的发展策略时，才能赢得投资者的信任和支持，吸引更多的资金投入，为企业的发展注入强大的动力。

总之，投资人的提问是企业发展道路上不可或缺的重要指引。企业应当将这些问题视为宝贵的财富，充分挖掘其中的价值，不断完善自身的管理和运营，以实现更高质量的发展，创造更加辉煌的未来。

融资者的解答

公司的主要收入来源目前包括（具体业务 1）、（具体业务2）等。其中,（具体业务1）占据较大比重，而（具体业务2）也在快速增长，呈现出一定的多元化趋势。我们一直在积极开拓新的收入渠道，例如，正在拓展的业务领域，预计在未来（具体时间段）内将为公司带来新的收入增长点。

关于公司的业务模式，它具有独特的创新性和复杂性，并非轻易能够被模仿或复制。我们在业务流程的关键环节建立了独特的竞争优势，例如，具体的独特流程、技术应用或合作模式等，这需要长时间的积累和资源整合，新进入者很难在短期内复制。

我们的核心竞争力主要基于（列举核心竞争力的因素，如技术创新、高效的成本控制、强大的品牌影响力、广泛且稳定的销售渠道等）。以技术创新为例，我们拥有一支专业的研发团队，持续投入大量资源进行技术研发，已经取得了（列举相关技术成果和专利）。我们相信这种竞争力在未来几年能够持续，因为我们不断加大研发投入，并且密切关注行业前沿技术，提前进行布局和储备。

公司的业务模式具有高度的灵活性和适应性，能够及时响应市场变化和技术创新。例如，我们建立了具体的市场监测和技术研发机制，确保能够快速调整产品或服务，以满足市场的新需求。同时，我们也积极与行业内的创新企业合作，共同探索新技术的应用。

与同行业其他公司相比，我们的核心竞争力独特之处在于（详细阐述独特之处，如独特的技术优势、更优质的客户服务、更广泛的市场覆盖等）。这使得我们能够在激烈的市场竞争中脱颖而出，赢得客户的信任和市场份额。

为了进一步强化核心竞争力，我们制订了以下计划：在技术方面，持续加大研发投入，吸引行业顶尖人才，提升技术创新能力；在成本控制上，优化供应链管理，降低生产成本；在品牌建设上，加大市场推广力度，提升品牌知名度和美誉度；在渠道拓展方面，开拓新的销售渠道，加强与合作伙伴的合作，进一步扩大市场覆盖范围。

总之，我们对公司的业务模式和核心竞争力充满信心，并将不断努力强化和提升，以实现公司的持续增长和发展，为投资者创造更大的价值。

公司的产品或服务在市场上的需求和潜力如何?

- 公司产品或服务的市场饱和度如何?
- 市场对公司产品或服务的替代品的接受程度怎样?
- 公司是否有新产品或服务的研发计划以满足未来市场需求?
- 公司如何预测市场需求的变化,并相应调整产品或服务策略?
- 公司产品或服务的价格弹性如何? 价格变动对需求的影响有多大?

投资者的提问

当投资人就公司的产品或服务在市场上的需求和潜力提出一系列深入问题时,这不仅是对企业现状的关切,更是对其未来发展的战略性思考。这些问题对于企业和投资者来说,都具有至关重要的意义。

"公司产品或服务的市场饱和度如何?"这一问题犹如一

把尺子，衡量着企业在市场中的发展空间。如果市场饱和度较低，意味着企业面临着广阔的未开发领域，有大量机会去拓展客户群体，实现业务的快速增长。此时，企业可以积极投入资源，扩大生产规模，加强市场推广，以迅速占领市场份额。例如，在新兴的绿色能源领域，如氢能技术的应用，目前市场饱和度相对较低，企业若能在此阶段抢先布局，加大研发和生产投入，有望在未来成为行业的领军者。

然而，若市场饱和度较高，企业则需要更加审慎地制定策略。在竞争激烈、近乎饱和的市场中，如传统的家电行业，企业可能需要通过产品创新、优化服务、降低成本等方式来提升自身的竞争力，从竞争对手那里抢夺市场份额，或者挖掘细分市场的特殊需求，以实现差异化竞争。

"市场对公司产品或服务的替代品的接受程度怎样？"这一问题则提醒企业要时刻保持警惕，关注潜在的竞争威胁。替代品的出现可能会改变消费者的选择偏好，从而对企业的市场地位产生重大影响。如果替代品容易被市场接受，企业就必须迅速做出反应，要么改进现有产品或服务，增强其不可替代性，要么提前布局新的产品线，以应对可能的市场份额流失。

比如，在智能手机市场，随着折叠屏手机的出现，传统直板手机面临着一定的竞争压力。企业需要密切关注消费者对折叠屏手机的接受程度，评估其对自身产品的影响，并及时调整研发和市场策略。反之，如果替代品难以被市场接受，企业则可以相对安心地继续优化现有产品，但仍需保持对市场动态的监测，以防万一。

"公司是否有新产品或服务的研发计划以满足未来市场需求？"这个问题着眼于企业的前瞻性和创新能力。在快速变化的市场环境中，消费者的需求不断演变，技术不断进步，企业若不能提前规划和投入新产品或服务的研发，很容易被市场淘汰。具有明确研发计划的企业，显示出其对未来的积极布局和应对变化的决心。

例如，随着人们对健康和环保的关注度不断提高，一家食品企业可能计划研发低糖、有机、无添加的新产品，以满足消费者对健康食品的需求。这种前瞻性的研发计划不仅能够为企业创造新的增长点，还能增强投资者对企业的信心。

"公司如何预测市场需求的变化，并相应调整产品或服务策略？"这考验着企业的市场洞察力和应变能力。准确预测市场需求的变化是企业成功的关键之一。企业可以通过多种方式进行市场预测，如市场调研、大数据分析、行业趋势研究等。根据预测结果，灵活调整产品的功能、特性、价格、包装，或者服务的内容、方式、质量等方面。

比如，在疫情期间，线上办公和教育的需求急剧增加。那些能够迅速洞察到这一变化，并及时推出相应的在线办公软件优化版本和在线教育服务的企业，不仅满足了市场的紧急需求，还赢得了更多的用户和市场份额。

"**公司产品或服务的价格弹性如何？价格变动对需求的影响有多大？**"此问题涉及企业的定价策略和利润管理。价格弹性较高的产品或服务，价格的微小变动可能导致需求的大幅波动，企业在定价时需要格外谨慎，充分考虑消费者的价格敏感度和竞争对手的价格策略。

对于价格弹性较低的产品或服务，企业在一定程度上有更大的价格调整空间，但仍需综合考虑成本、市场定位和品牌形象等因素。例如，奢侈品通常具有较低的价格弹性，消费者更注重品牌和品质，而不是价格。但企业也不能随意大幅涨价，以免损害品牌形象和消费者忠诚度。

投资人提出的这些关于公司产品或服务在市场上的需求和潜力的问题，对于企业的管理和运营具有深远的影响。它们促使企业深入研究市场规模、增长趋势和竞争情况，从而更加精准地定位自身，制定科学合理的发展战略。

从企业内部管理的角度来看，这些问题推动企业建立完善的市场监测和分析机制，培养敏锐的市场洞察力和快速响应能力。企业需要组建专业的市场研究团队，收集和分析大量的市场数据，及时掌握市场动态。同时，跨部门的协作也变得尤为重要，研发、生产、销售和财务等部门需要紧密合作，根据市场变化共同调整策略，确保企业的整体运营与市场需求保持一致。

在市场营销方面，清晰了解产品或服务的市场需求和潜力，有助于企业制订更具有针对性和有效性的营销方案。企业可以根据市场饱和度和替代品的情况，选择差异化的营销策略，突出产品或服务的独特价值。根据价格弹性的特点，制定合理的价格策略，实现利润最大化。

在企业战略规划层面，对市场需求和潜力的准确把握是制定长期发展战略的基础。企业可以根据市场规模和增长趋势，确定投资方向和资源配置重点。对于具有巨大潜力的市场领域，加大投入，抢占先机；对于逐渐萎缩的市场，及时调整业务结构，降低风险。

对于投资者而言，企业对这些问题的清晰回答和有效应对，是他们评估企业投资价值和风险的重要依据。投资者希望看到企业对市场有深刻的理解，能够准确预测需求变化，灵活调整策略，保持竞争优势。这样的企业更有可能实现持续稳定的增长，为投资者带来丰厚的回报。

总之，投资人的提问是企业审视自身、洞察市场的重要契机。企业应当充分重视这些问题，将其融入日常的管理和决策过程中，不断优化产品或服务，提升市场竞争力，实现可持续的发展。同时，企业也应以开放和透明的态度与投资者进行沟通，让投资者充分了解企业的市场战略和运营情况，增强彼此的信任和合作，共同创造美好的商业未来。

👤 融资者的解答

就目前的市场情况来看，我们公司产品或服务的市场饱和度相对较低。虽然市场上存在一定的竞争，但仍有广阔的未被满足的需求空间。我们通过深入的市场调研和分析发现，（具体的目标客户群体或细分市场）对我们的产品或服务有着强烈的需求，而现有的供应尚未能完全满足他们的期望。

关于市场对公司产品或服务替代品的接受程度，经过我们的研究和观察，替代品在短期内对我们的影响较小。因为我们的产品或服务具有（列举独特的优势和特点，如独特的性能、优质的服务、更高的性价比等），这些特点使客户在选择产品或服务时更倾向于我们，而非替代品。

在新产品或服务的研发方面，我们有明确且积极的计划。我们的研发团队一直在关注行业动态和客户需求的变化，目前正在进行（具体新产品或服务的名称和简要介绍）的研发工作。预计在未来（具体时间）推出，以更好地满足未来市场的潜在需求。

对于市场需求的变化预测，我们采用了多种方法和渠道。一方面，我们密切关注宏观经济趋势、政策法规的变化以及行业的发展动态；另一方面，通过与客户保持紧密的沟通和互动，收集他们的反馈和建议。基于这些信息，我们能够及时调整产品或服务策略。例如，如果市场对价格更为敏感，我们会优化成本结构，提供更具性价比的方案；如果客户对功能有更高的要求，我们会集中资源进行技术升级和功能拓展。

关于产品或服务的价格弹性，我们经过分析认为其处于（具体的弹性区间，如低弹性、中等弹性或高弹性）。价格变动对需求会产生一定的影响，但由于我们产品或服务的（独特价值或竞争优势），影响在可控范围内。当价格适度调整时，需求的变动幅度为（具体的变动比例或范围）。我们会谨慎权衡价格调整带来的收益和可能的需求变化，以确保公司的赢利能力和市场份额的平衡。

总之，我们对公司产品或服务在市场上的需求和潜力充满信心，并将持续努力适应市场变化，推出更具竞争力的产品和服务，实现公司的持续增长和发展。

公司的管理团队是否有经验和能力？

- 管理团队成员在行业内的平均工作年限是多少？

- 管理团队在应对危机和重大决策时的表现如何？

- 管理团队的专业背景是否涵盖了公司业务的关键领域？

- 管理团队是否有成功的创业或企业管理经验？

- 管理团队的人员流动率如何？

- 公司是否有完善的管理层培训和发展计划？

投资者的提问

当投资人抛出关于公司管理团队是否有经验和能力的一系列问题时，这无疑是在深挖企业成功的基石，探寻其持续发展的动力源泉。

"管理团队成员在行业内的平均工作年限是多少？"这一问题看似简单，实则蕴含着对团队稳定性和行业积累的深度考量。较长的平均工作年限通常意味着团队成员在行业中历经了风雨的洗礼，积累了丰富的实践经验和深厚的行业洞察力。他们熟悉行业的周期规律，了解市场的微妙变化，能够在关键时刻凭借过往的经验做出明智的决策。

例如，在竞争激烈的金融行业，一个管理团队若平均拥有十年以上的从业经验，他们在应对市场波动、风险管控以及把握投资机会等方面，往往能够展现出更为成熟和稳健的策略。相比之下，一个平均工作年限较短的团队可能在面对复杂的行业挑战时会相形见绌。

"管理团队在应对危机和重大决策时的表现如何？"这是对团队应变能力和决策智慧的直接检验。危机如同暴风雨，能无情地暴露企业的脆弱之处，而重大决策则决定着企业的发展方向。一个优秀的管理团队在危机面前能迅速做出反应，冷静分析局势，采取果断有效的措施，将危机转化为机遇。

回顾历史，许多知名企业在面临诸如经济衰退、自然灾害或行业变革等重大危机时，其管理团队的卓越表现成为企业渡过难关、实现涅槃重生的关键。相反，那些在危机中犹豫不决、决策失误的团队，可能会导致企业陷入困境，甚至一蹶不振。

"管理团队的专业背景是否涵盖了公司业务的关键领域？"这关乎团队的知识结构和专业能力是否足以支撑企业的全方位发展。在现代企业中，业务往往涉及多个复杂的领域，如技术研发、市场营销、财务管理、人力资源等。一个完备的管理团队应当在这些关键领域都拥有具备专业知识和丰富经验的成员。

以一家高科技制造企业为例，如果管理团队中只有精通技术的人才，而缺乏市场营销和财务管理的专家，那么企业在产品推广和资金运作方面可能会面临困境。只有当各个专业领域的人才相互协作、优势互补，企业才能在复杂多变的市场环境中稳健前行。

"管理团队是否有成功的创业或企业管理经验？"过往的成功经历是能力的有力证明。有过成功创业或企业管理经验的团队成员，通常更懂得如何把握市场机会，如何有效地组织资源，如何激励团队士气，以及如何在困境中寻找出路。

比如，一家初创企业的管理团队若有成员曾成功创立并运营过类似的企业，他们在制定发展战略、搭建组织架构、拓展市场渠道等方面往往能够少走弯路，提高企业的成功率。而缺乏此类经验的团队，可能需要在摸索中付出更多的时间和成本。

"管理团队的人员流动率如何？"人员的稳定对于团队的凝聚力和执行力至关重要。过高的人员流动率可能暗示着团队内部存在问题，如管理风格不当、工作压力过大、激励机制不完善等，这会导致团队的协作效率降低，战略执行的连续性受到影响。

相反，较低且合理的人员流动率表明团队氛围良好，成员对企业有较高的认同感和归属感，能够形成稳定的工作合力，为企业的长期发展提供坚实的保障。

"公司是否有完善的管理层培训和发展计划?"这反映了企业对管理团队持续成长的重视程度。在快速变化的商业环境中，管理团队需要不断更新知识和技能，提升领导能力。一个具有完善培训和发展计划的企业，能够为团队成员提供学习和成长的机会，使他们始终保持敏锐的市场洞察力和高效的管理能力。

综上所述，投资人提出的关于管理团队的这些问题，对于企业和投资者来说都具有极其重要的意义。对于企业而言，这些问题促使其深入反思管理团队的现状和不足，从而有针对性地进行优化和提升。

从企业内部管理的角度来看，回答这些问题有助于企业明确管理团队的优势和短板，进而合理配置人力资源，加强团队建设。企业可以根据团队成员的专业背景和经验，进行更科学的分工，提高工作效率。对于在应对危机和重大决策方面表现不足的团队，企业可以通过开展培训、案例分析等活动，提升团队的决策能力和应变能力。

在人才培养方面，了解管理团队的人员流动率和培训发展需求，企业能够制定更具吸引力的薪酬福利政策和职业发展规划，留住优秀人才，吸引外部精英。同时，建立完善的管理层培训体系，有助于培养团队的创新思维和战略眼光，为企业的长远发展储备人才。

在企业文化建设上，一个优秀的管理团队能够塑造积极向上、团结协作的企业文化。通过关注团队成员的工作满意度和归属感，企业可以营造良好的工作氛围，增强团队的凝聚力和执行力。

对于投资者而言，管理团队的素质和能力是评估企业投资价值的重要因素之一。一个经验丰富、能力出众、稳定团结的管理团队，能够为企业制定清晰的发展战略，有效执行各项决策，带领企业在激烈的市场竞争中脱颖而出，为投资者创造丰厚的回报。相反，一个薄弱的管理团队可能会使企业陷入混乱，增加投资风险。

因此，企业应充分认识到投资人提问的重要性，将其作为自我审视和改进的契机。不断优化管理团队的结构和能力，提升团队的综合素质，以实现企业的可持续发展。同时，企业应与投资者保持良好的沟通，展示管理团队的优势和发展计划，增强投资者的信心。

在未来的商业征程中，企业管理团队的作用将越发关键。只有拥有一支强大的、富有经验和创新精神的管理团队，企业才能在波涛汹涌的市场浪潮中稳健航行，驶向成功的彼岸。

👤 融资者的解答

我们管理团队成员在行业内的平均工作年限达到了（数量）年。他们在行业中积累了丰富的知识和经验，对行业的发展趋势、市场动态以及技术创新都有着深刻的理解。

在应对危机和重大决策时，管理团队展现出了卓越的能力和果断的决策力。例如，在（具体危机事件）中，团队迅速制定应对策略，通过（具体的行动和措施），成功化解危机，将损失降到最低，并实现了业务的稳定发展。

管理团队的专业背景涵盖了公司业务的关键领域，包括（列举关键领域，如市场营销、技术研发、财务管理等）。每位成员都在其专业领域拥有深厚的知识和实践经验，能够为公司的发展提供全面而专业的指导。

团队中多位成员都有成功的创业或企业管理经验。他们曾在（列举相关经历和成果）中取得显著成绩，这些经验为我们公司的运营和发展提供了宝贵的借鉴。

就管理团队的人员流动率而言，一直保持在较低水平。这得益于我们良好的团队氛围、明确的职业发展路径以及具有竞争力的薪酬福利体系。

公司非常重视管理层的培训和发展，拥有完善的计划。我们定期组织内部培训课程，邀请行业专家举办讲座和进行指导，同时也鼓励管理层参加外部的高端培训和研讨会。此外，我们还为管理层成员制定个性化的职业发展规划，提供晋升机会和跨部门合作项目，以不断提升他们的综合能力和视野。

总之，我们的管理团队具备丰富的经验、全面的专业知识、出色的危机应对能力和稳定的人员结构，并且公司为他们的持续发展提供了有力的支持，能够有效地引领公司朝着目标前进。

 **四** 　　　　　　公司的财务状况如何?

- 公司营收的增长是否主要依赖于少数产品或客户?
- 公司的利润主要来自主营业务还是非主营业务?
- 资产负债表中的固定资产占比如何,是否需要大量的资本支出进行更新或扩张?
- 公司的应收账款周转天数和存货周转天数是否合理?
- 公司的财务指标与同行业可比公司相比处于什么水平?
- 公司是否有足够的现金储备来应对突发情况或投资机会?

投资者的提问

当投资人提出关于公司财务状况的一系列问题时,这不仅仅是对数字的简单询问,更是对企业生存、发展和未来潜力的深度探索。

"公司营收的增长是否主要依赖于少数产品或客户?"这一问题直击企业营收结构的合理性。如果公司的营收过度依赖少数产品或客户，那么企业面临的风险将显著增加。一旦这些关键产品市场需求下滑，或者主要客户流失，公司的营收可能会遭受重创。

例如，一家电子公司的大部分营收源自一款即将面临技术淘汰的电子产品，或者其主要客户因自身经营问题减少订单，那么公司的营收增长将面临巨大挑战。相反，如果公司的营收来源多元化，涵盖多种产品和广泛的客户群体，那么企业在市场波动中就能更具韧性，也会保持相对稳定的增长态势。

"公司的利润主要来自主营业务还是非主营业务？"这是对企业赢利能力可持续性的考量。主营业务是公司的核心竞争力所在，其产生的利润通常具有稳定性和可预测性。若利润主要依赖非主营业务，如投资收益、资产处置等，这种赢利模式可能不具备长期性。

以一家制造企业为例，如果其利润主要依靠出售闲置厂房获取，而非其产品制造和销售，那么这可能暗示着其主营业务经营不善，难以在市场竞争中立足。只有当主营业务赢利能力强劲，企业才能在长期发展中站稳脚跟，为投资者带来持续的回报。

"资产负债表中的固定资产占比如何，是否需要大量的资本支出进行更新或扩张？"固定资产在企业资产结构中占据重要地位。过高的固定资产占比可能导致资产流动性不足，同时也意味着企业需要投入大量资金进行维护、更新和扩张。

比如，一家传统的钢铁企业，如果固定资产比重过大，而市场需求逐渐萎缩，那么企业不仅要承担高昂的设备折旧成本，还可能面临因缺乏资金进行技术升级而被市场淘汰的风险。相反，合理的固定资产占比和适度的资本支出计划，能够确保企业在保持生产能力的同时，灵活应对市场变化。

"公司的应收账款周转天数和存货周转天数是否合理？"这两个指标反映了企业的运营效率和资金使用效率。应收账款周转天数过长，意味着企业资金回笼速度慢，可能面临坏账风险，影响资金链的稳定。存货周转天数过长，则可能表明产品滞销，占用大量资金，增加仓储成本。

例如，一家零售企业如果应收账款回收不及时，同时库存积压严重，那么企业的现金流将受到极大压力，可能导致经营困难。而高效的应收账款和存货管理，能够加速资金流转，提高企业的赢利能力和抗风险能力。

"公司的财务指标与同行业可比公司相比处于什么水平？"这一问题促使企业进行横向比较，明确自身在行业中的地位。通过与同行业优秀企业的财务指标对比，企业能够发现自身的优势和不足。

比如，在成本控制、资产利用效率、赢利能力等方面，如果企业的财务指标落后于同行，那么就需要深入分析原因，采取措施改进，以提升市场竞争力。反之，如果企业在某些方面表现出色，也可以进一步巩固优势，扩大市场份额。

"公司是否有足够的现金储备来应对突发情况或投资机会？" 现金是企业的血液，充足的现金储备是企业应对不确定性和抓住发展机遇的关键。在面临经济衰退、行业危机或突发事件时，现金储备能够帮助企业渡过难关，维持正常运营。

同时，当出现有潜力的投资机会时，如并购优质资产、拓展新市场等，现金储备能够使企业迅速做出决策，抢占先机。若企业现金储备不足，可能在危机面前束手无策，错失发展良机。

综上所述，投资人对公司财务状况的这些提问，对于企业和投资者都具有深远的意义。对于企业而言，这些问题促使其深入分析财务数据的稳定性、增长趋势和健康状况，从而更好地管理和运营企业。

从内部管理角度来看，回答这些问题有助于企业优化业务结构，降低对少数产品或客户的依赖，增强营收的稳定性。明确利润来源，专注主营业务的发展和创新，提升核心竞争力。合理规划固定资产投资，提高资产利用效率。加强应收账款和存货管理，改善运营效率。通过与同行业对比，借鉴优秀经验，改进不足。保持充足的现金储备，确保企业的财务弹性和灵活性。

在战略决策方面，对财务状况的清晰认识能够为企业的发展战略提供有力支持。企业可以根据财务实力，决定是采取扩张型战略，加大投资和市场拓展，还是采用稳健型战略，巩固现有业务，优化内部管理。同时，财务状况也影响着企业的融资决策，是选择股权融资、债务融资还是内部积累。

对于投资者而言，公司的财务状况是评估投资价值和风险的重要依据。稳定增长的营收、健康的利润结构、合理的资产负债比例、高效的运营效率和充足的现金储备，都预示着企业具有良好的投资前景和较低的风险。相反，财务状况不佳的企业可能让投资者望而却步。

因此，企业应高度重视投资人的这些提问，将其作为审视自身财务状况的重要契机。建立健全的财务分析和风险管理体系，定期评估财务健康状况，及时发现问题并采取有效措施加以解决。同时，企业应加强与投资者的沟通，透明、准确地披露财务信息，增强投资者的信心。

在竞争激烈、变化莫测的商业环境中，只有对财务状况有清晰的认识和有效的管理，企业才能在发展的道路上稳步前行，实现可持续增长，为股东和社会创造更大的价值。

👤 融资者的解答

就公司营收而言，其增长并非主要依赖于少数产品或客户。我们拥有多元化的产品线（列举主要产品及各自的营收贡献比例），并且客户群体广泛且分布均衡（列举主要客户类型及各自的营收占比）。这种多元化的营收结构降低了公司的风险，使营收增长更加稳定和可持续。

公司的利润主要源自主营业务。我们的主营业务（具体业务）具有较强的赢利能力，通过不断优化产品结构、提高生产效率和控制成本，使得主营业务的利润持续增长。非主营业务虽然也有一定贡献，但所占比例较小。

在资产负债表方面，固定资产占比较为合理，目前为（数量）%。短期内不需要大量的资本支出进行更新或扩张，我们一直注重资产的有效利用和维护，现有固定资产能够满足当前的生产和运营需求。但随着业务的发展，我们会根据实际情况进行合理的资本投入。

公司的应收账款周转天数为（数量）天，存货周转天数为（数量）天，经过与行业平均水平的对比和分析，这两个指标均处于合理范围内。我们通过有效的信用管理政策和库存管理策略，确保资金的高效流转和资产的合理配置。

与同行业可比公司相比，公司的财务指标表现良好。在营收增长率、利润率等关键指标上，我们处于行业中上游水平。例如，与（列举几家同行业公司）相比，我们在（具体财务指标）方面具有一定的优势，这得益于我们的精细化管理和有效的市场策略。

公司拥有足够的现金储备，以应对突发情况或投资机会。目前的现金储备能够满足公司在（具体时间段）内的正常运营需求，并为可能出现的紧急情况提供了保障。同时，我们也在持续优化现金流管理，确保资金的充足和灵活运用。

总之，公司的财务状况稳健，各项财务指标表现合理，具备应对各种情况的能力和潜力。

问道　五　　**公司的历史业绩和发展
趋势如何？**

- 公司在过去的发展中是否经历过重大的业务转型或重组？结果如何？
- 公司的市场份额增长是通过自身发展还是并购实现的？
- 公司过去的战略决策对其业绩产生了怎样的影响？
- 公司的业绩增长是否受到宏观经济周期的显著影响？
- 公司在不同地区或产品线的业绩表现有何差异？

投资者的提问

当投资人提出关于公司这方面的一系列问题时，这不仅是对过去的回顾，更是对未来的展望，对于企业和投资者而言，都具有至关重要的意义。

"公司在过去的发展中是否经历过重大的业务转型或重组？结果如何？"这一问题犹如一把钥匙，打开了了解企业适应变革能力的大门。在竞争激烈的市场环境中，企业为了寻求新的增长机会或摆脱困境，往往需要进行业务转型或重组。

如果公司能够成功地实施重大业务转型或重组，如从传统制造业转型为高科技产业，或者对内部业务结构进行有效整合，通常会带来新的生机和活力，提升企业的竞争力和市场地位。例如，某家老牌制造企业在面临市场需求下滑和成本上升的压力时，果断转型投入智能制造领域，通过引入先进技术和管理模式，不仅实现了生产效率的大幅提升，还成功开拓了新的客户群体，使企业重焕青春。

然而，如果企业转型或重组失败，则可能会导致资源浪费、人才流失、市场份额下降等一系列问题，给企业带来沉重的打击。因此，企业需要从过去的经历中吸取教训，总结经验，为未来的战略决策提供参考。

"公司的市场份额增长是通过自身发展还是并购实现的？"这一问题揭示了企业扩张的方式和策略。通过自身发展实现市场份额增长，表明企业在产品创新、市场营销、客户服务等方面具有较强的内生动力和竞争力。

比如，一家科技公司凭借持续的研发投入和优质的产品，逐步赢得消费者的认可，从而提高市场份额。这种增长方式往往具有较强的可持续性，因为企业是依靠自身的核心能力逐步积累和发展。

通过并购实现市场份额增长，需要企业具备良好的整合能力和战略眼光。成功的并购可以迅速扩大企业规模，获取新的技术、人才和市场渠道，但同时也伴随着整合风险和文化冲突等挑战。例如，一家零售企业通过并购其他地区的同行企业，实现了市场的快速扩张，但如果在整合过程中无法有效融合资源和管理体系，可能会导致协同效应无法发挥，甚至影响企业的正常运营。

"公司过去的战略决策对其业绩产生了怎样的影响？"这一问题促使企业反思过去的决策过程和执行效果。正确的战略决策能够使企业抓住市场机遇，优化资源配置，实现业绩的快速增长。

例如，某公司在早期就看准了新兴市场的潜力，提前布局并投入大量资源进行研发和市场推广，当市场需求爆发时，公司凭借领先的产品和品牌优势，迅速占领市场，取得了显著的业绩增长。

相反，错误的战略决策可能导致企业错失发展良机，或者陷入困境。比如，有些企业在技术变革的浪潮中，未能及时跟上行业趋势，坚持旧有的技术和业务模式，导致市场份额被竞争对手蚕食，业绩下滑。通过对过去战略决策的评估，企业可以总结经验教训，不断优化决策机制，提高战略规划的科学性和前瞻性。

"公司的业绩增长是否受到宏观经济周期的显著影响？"宏观经济环境的变化对企业的发展有着不可忽视的影响。如果公司的业绩增长与宏观经济周期高度相关，那么在经济繁荣时，企业可能会取得较好的业绩，但在经济衰退期则会面临较大的压力。

比如，一些周期性行业，如房地产、钢铁等，其业绩往往随着宏观经济的波动而起伏。而对于那些能够在宏观经济周期变化中保持相对稳定增长的企业，通常具有较强的抗风险能力和市场适应性。这可能得益于多元化的产品结构、稳定的客户群体、灵活的经营策略等因素。

"公司在不同地区或产品线的业绩表现有何差异？"这一问题有助于企业发现内部的优势和劣势领域。不同地区的市场需求、竞争环境、政策法规等因素各不相同，企业在不同地区的业绩表现可能存在较大差异。

例如，一家跨国公司在某些新兴市场的业务增长迅速，而在一些成熟市场则面临激烈的竞争和增长瓶颈。对于产品线而言，某些产品可能处于市场成长期，需求旺盛，业绩突出；而另一些产品可能已经进入衰退期，需要进行调整或淘汰。通过对地区和产品线业绩差异的分析，企业可以有针对性地制定市场策略和产品规划，优化资源配置，提高整体业绩。

综上所述，投资人对公司历史业绩和发展趋势的这些提问，为企业提供了一个全面审视自身的机会。对于企业而言，深入思考这些问题有助于更好地理解自身的成长轨迹，明确市场地位，评估战略决策的有效性，从而为未来的发展制定更加科学合理的规划。

从内部管理的角度来看，回答这些问题可以促使企业建立完善的业绩评估体系，加强对市场变化的监测和分析，提高决策的科学性和灵活性。同时，通过对不同地区和产品线业绩差异的分析，企业可以优化组织架构和资源分配，提升运营效率。

在战略规划方面，了解公司的历史业绩和发展趋势能够帮助企业找准定位，明确发展方向。企业可以根据自身的优势和劣势，结合市场需求和竞争态势，制定差异化的战略，实现可持续发展。

对于投资者而言，公司的历史业绩和发展趋势是评估投资风险和回报的重要依据。稳定增长的业绩、良好的市场份额表现、合理的战略决策以及对宏观经济环境的适应能力，都能够增强投资者的信心，吸引更多的资金投入。

因此，企业应当充分重视投资人的这些提问，将其作为自我提升和发展的重要契机。不断加强内部管理，优化战略规划，以更好地应对市场挑战，实现持续稳定的发展。同时，企业应与投资者保持密切沟通，及时、准确地披露相关信息，增进投资者对企业的了解和信任。

在未来的商业征程中，企业只有不断总结过去的经验，把握当下的机遇，才能在变幻莫测的市场中稳健前行，创造更加辉煌的业绩。

🧑 融资者的解答

在过去的发展历程中，公司的确经历过重大的业务转型和重组。例如在（具体时间），我们从（原业务）向（新业务）进行了战略转型。通过精心的规划和团队的努力，这次转型取得了显著的成果，不仅成功开拓了新的市场空间，还提升了公司的竞争力，使得我们在（具体方面）获得了显著的突破，为公司的后续发展奠定了坚实基础。

公司的市场份额增长主要依靠自身的有机发展。我们通过不断优化产品或服务质量、加强市场推广、提升客户满意度等方式，逐步扩大市场份额。当然，在合适的时机，我们也会考虑并购来加速业务的扩张，但目前自身发展仍是增长的主要驱动力。

回顾过去的战略决策，对公司业绩产生了积极的影响。比如，我们在（具体时间）决定加大对（某领域）的研发投入，这一决策使我们在该领域推出了具有竞争力的产品或服务，从而提升了公司的市场地位和赢利能力。

公司的业绩增长在一定程度上受到宏观经济周期的影响，但通过多元化的市场布局、灵活的经营策略以及持续的创新投入，我们有效地降低了这种影响。在经济繁荣期，我们能够充分抓住市场机遇，实现快速增长；在经济低迷期，通过优化成本、加强内部管理等措施，保持了业务的稳定性和可持续性。

在不同地区和产品线方面，业绩表现存在一定的差异。在（地区1），由于当地市场需求旺盛以及我们在该地区的长期深耕，业绩表现出色，市场份额较高。而在（地区2），由于市场竞争激烈，我们的市场份额相对较低，但我们正在制定针对性的市场策略以提升业绩。在产品线方面，（产品线1）一直是公司的核心优势产品，业绩稳定增长；而（产品线2）作为新兴产品，目前处于市场拓展阶段，未来有望成为新的业绩增长点。

总之，公司在历史发展中不断积累经验、调整策略，呈现出良好的发展趋势，并且有信心在未来应对各种挑战，实现持续的增长和发展。

第二篇
问道行业真谛

公司所处行业的发展前景如何？

- 行业的技术进步速度对公司的影响是正面的还是负面的？
- 行业是否受到国际贸易政策、汇率波动等外部因素的显著影响？
- 新进入者进入该行业的门槛有多高？
- 行业内的整合趋势是怎样的，对公司是机遇还是挑战？
- 行业是否存在产能过剩或供不应求的情况？

👤 投资者的提问

当投资人提出关于公司所处行业发展前景的一系列问题时，这无疑为企业点亮了前行的灯塔，促使企业家深入思考，更好地管理和运营企业。

"行业的技术进步速度对公司的影响是正面的还是负面的？"这一问题直接触及企业在行业中生存和发展的核心。快速的技术进步在为行业带来创新和变革的同时，也对企业构成了巨大的挑战和机遇。

如果技术进步速度与公司的研发能力和创新战略相契合，那么它将为企业带来积极的影响。企业能够借助新技术提升产品质量、降低成本、开拓新市场，从而增强自身的竞争力。例如，在电子通信行业，5G 技术的迅速发展为那些提前布局、具备强大研发实力的企业创造了巨大的商机，使其能够推出更高速、更智能的通信设备和解决方案，占据市场先机。

然而，如果企业无法跟上行业技术进步的步伐，可能会面临被淘汰的风险。新技术的出现可能会使企业现有的产品和服务迅速过时，导致市场份额的流失。比如，在传统制造业中，如果企业不能及时引入自动化和数字化生产技术，可能会在成本和效率方面落后于竞争对手，难以在市场中立足。

"行业是否受到国际贸易政策、汇率波动等外部因素的显著影响？"在全球化的经济格局下，这是企业必须面对的现实问题。国际贸易政策的调整，如关税的增减、贸易壁垒的设置，以及汇率的波动，都可能对行业的进出口、成本结构和市场需求产生重大影响。

对于高度依赖国际市场的行业，如出口导向型的制造业，贸易政策的变化可能直接决定企业的生死存亡。例如，当某个国家对进口商品加征高额关税时，相关企业的出口业务可能会受到严重冲击，利润大幅下降。而汇率的波动则可能影响企业的进口成本、出口收入和海外资产价值。

因此，企业需要密切关注国际贸易政策和汇率的动态，制定灵活的应对策略，如调整供应链布局、优化产品结构、开展套期保值等，以降低外部因素带来的不确定性风险。

"新进入者进入该行业的门槛有多高？"这关系到行业的竞争格局和企业的市场地位。较高的进入门槛通常意味着行业内现有企业面临的竞争压力相对较小，能够享受相对稳定的市场份额和利润空间。

进入门槛可能包括高额的资金投入、先进的技术专利、严格的行业标准和法规、成熟的品牌和渠道网络等。例如，在航空航天领域，由于需要巨大的研发资金和严格的安全认证，新进入者面临着极高的门槛，这使得现有企业能够在一定时期内保持相对的竞争优势。

然而，如果进入门槛较低，行业可能会涌入大量新的竞争者，导致市场竞争加剧，价格战频发，利润空间被压缩等情况。在这种情况下，企业需要不断提升自身的核心竞争力，以应对潜在的竞争威胁。

"行业内的整合趋势是怎样的，对公司是机遇还是挑战？"行业整合是市场发展的常见现象，它反映了行业的成熟度和竞争态势的变化。整合可能表现为企业之间的兼并收购、战略联盟等形式。

如果行业呈现出整合的趋势，对于具有规模优势和整合能力的企业来说，这可能是扩大市场份额、实现跨越式发展的机遇。通过收购竞争对手或与其他企业合作，企业可以实现资源的优化配置，增强市场话语权。

但对于规模较小、实力较弱的企业而言，可能面临被整合或淘汰的压力。例如，在互联网行业，一些大型科技公司通过不断收购创新型初创企业，巩固自身的行业地位，而那些无法适应整合趋势的小企业则可能逐渐被市场边缘化。

"行业是否存在产能过剩或供不应求的情况？"这一问题直接影响企业的生产决策和市场策略。产能过剩意味着市场供大于求，产品价格可能下跌，企业利润受到挤压，甚至可能出现库存积压、设备闲置等问题。

相反，供不应求则为企业提供了扩大生产、提高价格、增加利润的机会。企业需要准确判断行业的供需状况，合理规划产能，避免盲目扩张或过度保守。

综上所述，投资人对公司所处行业发展前景的这些提问，对于企业和投资者都具有深远的意义。对于企业而言，深入思考这些问题能够帮助其更好地把握行业的脉搏，制定科学合理的发展战略。

从内部管理的角度来看，回答这些问题有助于企业优化资源配置，调整业务结构。根据行业技术进步的速度和方向，合理安排研发投入，培养和引进相关技术人才。针对国际贸易政策和汇率波动等外部因素，建立风险预警机制，加强财务管理和成本控制。考虑新进入者的门槛和行业整合趋势，制定竞争策略，寻找合作机会或加强自身核心优势。依据产能供需情况，灵活调整生产计划和营销策略。

在战略规划方面，对行业发展前景的清晰认识能够帮助企业明确长期发展目标，选择合适的业务领域和市场定位。企业可以在具有增长潜力的细分市场加大投入，提前布局新兴技术和业务模式，以适应行业的变化和发展。

对于投资者而言，行业的发展前景是评估企业投资价值和风险的重要宏观因素。一个处于快速发展、前景广阔的行业中的企业，往往更具投资吸引力。相反，一个处于衰退或不稳定行业中的企业，投资风险相对较高。

因此，企业应当高度重视投资人的这些提问，将其作为审视自身和行业的重要工具。加强行业研究，密切关注政策环境、技术创新和市场动态的变化，不断提升自身的适应能力和竞争实力。同时，积极与投资者进行沟通，分享对行业前景的看法和企业的应对策略，增强投资者的信心，为企业的发展赢得更多的支持和资源。

在未来的发展道路上，企业只有准确把握行业的发展趋势，积极应对各种挑战和机遇，才能在激烈的市场竞争中立于不败之地，实现可持续的发展和价值创造。

👤 融资者的解答

在过去的发展历程中，公司的确经历过重大的业务转型和重组。例如在（具体时间），我们从（原业务）向（新业务）进行了战略转型。通过精心的规划和团队的努力，这次转型取得了显著的成果，不仅成功开拓了新的市场空间，还提升了公司的竞争力，使得我们在（具体方面）获得了显著的突破，为公司的后续发展奠定了坚实基础。

公司的市场份额增长主要依靠自身的有机发展。我们通过不断优化产品或服务质量、加强市场推广、提升客户满意度等方式，逐步扩大市场份额。当然，在合适的时机，我们也会考虑并购来加速业务的扩张，但目前自身发展仍是增长的主要驱动力。

回顾过去的战略决策，对公司业绩产生了积极的影响。比如，我们在（具体时间）决定加大对（某领域）的研发投入，这一决策使我们在该领域推出了具有竞争力的产品或服务，从而提升了公司的市场地位和赢利能力。

公司的业绩增长在一定程度上受到宏观经济周期的影响，但通过多元化的市场布局、灵活的经营策略以及持续的创新投入，我们有效地降低了这种影响。在经济繁荣期，我们能够充分抓住市场机遇，实现快速增长；在经济低迷期，通过优化成本、加强内部管理等措施，保持了业务的稳定性和可持续性。

在不同地区和产品线方面，业绩表现存在一定的差异。在（地区1），由于当地市场需求旺盛以及我们在该地区的长期深耕，业绩表现出色，市场份额较高。而在（地区2），由于市场竞争激烈，我们的市场份额相对较低，但我们正在制定针对性的市场策略以提升业绩。在产品线方面，（产品线1）一直是公司的核心优势产品，业绩稳定增长；而（产品线2）作为新兴产品，目前处于市场拓展阶段，未来有望成为新的业绩增长点。

总之，公司在历史发展中不断积累经验、调整策略，呈现出良好的发展趋势，并且有信心在未来应对各种挑战，实现持续的增长和发展。

问道 七

行业的竞争态势如何？
公司在行业中的地位如何？

- 竞争对手的市场份额变化趋势对公司有何启示？

- 公司与竞争对手在产品差异化、价格、服务等方面的比较优势和劣势分别是什么？

- 竞争对手的营销策略和渠道布局对公司有何借鉴意义？

- 行业内是否存在潜在的竞争对手，他们可能来自哪些领域？

- 公司如何应对竞争对手的价格战或市场份额争夺？

🧑 投资者的提问

当投资人提出一系列关于这方面的问题时，宛如为企业敲响了警钟，促使其深入思考，以更好地管理和运营。

"竞争对手的市场份额变化趋势对公司有何启示？"这一问题犹如一面镜子，反射出市场竞争的动态格局。竞争对手市场份额的上升或下降，都不是偶然的结果，而是其战略、产品、服务等多方面因素综合作用的体现。

当竞争对手的市场份额持续上升时，企业应深入分析其成功的原因。或许是他们推出了创新的产品，满足了市场未被满足的需求；或许是他们优化了营销策略，提高了品牌知名度和美誉度；又或许是他们改善了客户服务，增强了客户的忠诚度。通过研究这些成功因素，企业可以借鉴其经验，审视自身的不足，从而调整战略，提升自身的竞争力。

相反，如果竞争对手的市场份额下降，企业也不应盲目乐观。这可能是市场环境变化导致的普遍现象，也可能是竞争对手自身出现了问题。但无论如何，企业都应从中吸取教训，思考如何避免犯同样的错误，以及如何在竞争对手虚弱时，抓住机会扩大自己的市场份额。

"公司与竞争对手在产品差异化、价格、服务等方面的比较优势和劣势分别是什么？" 清晰地认识自身与竞争对手的长短板，是企业在竞争中取胜的前提。

在产品差异化方面，企业需要思考自己的产品是否具有独特的功能、特性或设计，能够吸引消费者的目光。如果竞争对手的产品在差异化方面更具优势，企业就需要加大研发投入，创新产品理念，以满足消费者日益多样化的需求。

价格是市场竞争中的敏感因素。企业需要评估自身的成本结构和定价策略，与竞争对手相比是否具有竞争力。若竞争对手能够以更低的价格提供相似的产品或服务，企业就需要思考如何降低成本、优化供应链，或者考虑如何通过提升产品附加值来支撑较高的价格。

服务质量在当今市场中越来越重要。优质的售前、售中、售后服务能够极大地提升客户满意度和忠诚度。企业需要对比自己与竞争对手在服务响应速度、服务内容、服务态度等方面的差异，找出不足并加以改进，以提升客户体验。

"竞争对手的营销策略和渠道布局对公司有何借鉴意义？"在信息爆炸的时代，营销策略和渠道布局直接影响着产品和服务的推广效果。

竞争对手成功的营销活动，可能是因为精准地定位了目标客户群体，或者巧妙地运用了社交媒体等新兴营销手段，又或者与知名品牌进行了跨界合作。企业可以借鉴这些成功经验，结合自身特点，制定更具针对性和创新性的营销策略。

在渠道布局方面，竞争对手可能在电商平台、线下门店、经销商网络等方面有着独特的优势。企业可以研究其渠道选择的依据、渠道管理的模式，以及渠道之间的协同效应，优化自己的渠道布局，提高产品的市场覆盖率和销售效率。

"行业内是否存在潜在的竞争对手，他们可能来自哪些领域？"未雨绸缪，方能立于不败之地。随着技术的进步和市场的变化，新的竞争者可能随时涌入行业。

潜在的竞争对手可能来自相关行业的延伸，他们凭借在原有领域积累的技术、品牌、客户资源等优势，跨界进入本行业。例如，互联网企业可能凭借其强大的技术实力和数据优势，进入传统制造业的智能化领域。

也可能来自新兴的创业公司，他们带着创新的商业模式和颠覆性的技术，试图打破行业的现有格局。比如，在共享经济兴起时，许多初创企业进入了交通、住宿等传统行业，对原有的企业构成了挑战。

企业需要密切关注这些潜在的竞争对手，提前做好应对准备，不断创新和优化自身的业务模式，以保持竞争优势。

"公司如何应对竞争对手的价格战或市场份额争夺？"价格战和市场份额争夺是市场竞争中的常见手段，但这样的手段往往是一把双刃剑。

在面对竞争对手的价格战时，企业需要谨慎应对。盲目跟进可能会导致利润大幅下降，影响企业的长期发展。企业可以通过优化成本结构、提高生产效率、推出性价比更高的产品等方式，在保证一定利润空间的前提下，参与价格竞争。

对于市场份额的争夺，企业不能仅仅依靠价格手段，更应注重提升产品质量、服务水平和品牌形象。通过创新营销策略、拓展新的市场渠道、加强客户关系管理等方式，吸引更多的客户，提高市场份额。

综上所述，投资人提出的关于行业竞争态势和企业地位的问题，对于企业的发展具有极其重要的意义。

从企业内部管理的角度来看，回答这些问题有助于企业建立完善的竞争情报系统，及时收集、分析竞争对手的信息，为决策提供依据。同时，也会促进各部门之间的协同合作，形成统一的竞争应对策略。在产品研发、市场营销、客户服务等方面，不断优化流程，提高效率和质量。

在战略规划方面，对竞争态势的准确把握能够帮助企业明确自身的定位和发展方向。企业可以根据自身的优势和劣势，选择差异化竞争或成本领先战略，在激烈的市场竞争中找到适合自己的生存空间。

对于投资者而言，企业在竞争中的表现和应对策略是评估其投资价值和风险的重要因素。一个能够在激烈竞争中脱颖而出、持续发展的企业，无疑更能吸引投资者的目光。

因此，企业应当充分重视投资人的这些提问，将其转化为推动企业发展的动力。不断加强自身的核心竞争力，制定灵活有效的竞争策略，以适应不断变化的市场环境。同时，加强与投资者的沟通，展示企业在竞争中的优势和应对能力，增强投资者的信心。

在未来的商业征程中，企业只有时刻保持对竞争态势的敏锐洞察，积极应对挑战，才能在激烈的市场竞争中勇立潮头，实现可持续发展的宏伟目标。

👤 融资者的解答

通过分析竞争对手的市场份额变化趋势，这给我们带来了诸多启示。例如，当某些竞争对手通过创新产品或服务获得市场份额增长时，让我们更加意识到持续创新的重要性；而当一些对手因忽视市场需求变化导致份额下降时，也提醒我们要始终保持对市场的敏锐洞察。

在产品差异化方面，我们的产品具有（列举独特的产品特点和优势），能够满足特定客户群体的需求，而竞争对手在某些方面可能具有更广泛的产品线。在价格上，我们注重提供高性价比的产品或服务，通过优化成本结构保持价格竞争力，相比部分竞争对手的高价策略或低价低质策略，我们更能平衡价格与质量。在服务方面，我们建立了专业、高效且贴心的服务团队，能够快速响应客户需求，这是我们相较于部分对手的优势所在。

竞争对手的营销策略和渠道布局对我们具有一定的借鉴意义。比如，有些对手在社交媒体营销上的成功经验促使我们加大在这方面的投入；而另一些对手在特定渠道的深耕也让我们思考如何进一步优化自身的渠道策略。

行业内存在潜在的竞争对手，他们可能来自相关行业的跨界企业，凭借其在原有领域的资源和技术积累，试图进入我们所在的市场。还有可能来自新兴的创业公司，以创新的商业模式挑战现有格局。

面对竞争对手的价格战或市场份额争夺，我们首先会坚守产品和服务的质量，不会为了短期的份额而牺牲长期的品牌形象和客户信任。同时，我们会通过优化成本、提升运营效率来保持价格的合理性。此外，我们会加强产品创新和服务升级，以差异化的价值吸引客户，而不是仅仅依靠价格竞争。并且，我们会密切关注竞争对手的动态，及时调整市场策略，必要时采取针对性的促销活动或合作策略来维护市场地位。

总之，我们对行业竞争态势应保持高度警惕，充分了解自身和竞争对手的优劣势，不断提升公司的竞争力，以巩固和提升自身在行业中的地位。

 行业的技术趋势和创新对
公司有什么影响？

- 公司在研发方面的投入占营收的比例与行业平均水平相比如何？
- 公司是否能够及时跟踪和应用行业内的新技术？
- 行业技术创新是否会导致公司现有产品或服务被快速淘汰？
- 公司是否与行业内的技术领先者有合作或战略合作关系？
- 公司如何培养和吸引技术人才以适应技术创新的需求？

投资者的提问

当投资人提出关于行业技术趋势和创新对公司影响的一系列问题时，这无疑是为企业敲响了警钟，促使企业家们深入思考，以更好地管理和运营企业，适应时代的变革。

"公司在研发方面的投入占营收的比例与行业平均水平相比如何？"这一问题直接反映了企业对技术创新的重视程

度和投入力度。研发投入是企业推动技术进步、保持竞争力的重要源泉。

如果公司在研发方面的投入低于行业平均水平，可能意味着企业在技术创新方面相对滞后，难以跟上行业发展的步伐。在激烈的市场竞争中，这样的企业可能会逐渐失去优势，面临产品竞争力下降、市场份额被侵蚀的风险。

相反，当企业的研发投入高于行业平均水平时，表明其积极致力于技术研发和创新，有望在新技术、新产品的开发上取得突破，从而引领行业发展，获得更高的市场回报。例如，一些科技巨头持续投入大量资金进行前沿技术的研究，成功推出了一系列具有开创性的产品和服务，巩固了其在行业中的领先地位。

"公司是否能够及时跟踪和应用行业内的新技术？"在技术更新换代日新月异的今天，企业能否敏锐地捕捉到行业内的新技术趋势，并迅速将其应用到产品和服务中，是决定企业生存和发展的关键。

及时跟踪和应用新技术，能够使企业保持产品和服务的先进性，满足消费者不断变化的需求，增强市场竞争力。例如，在智能手机行业，那些能够迅速跟进5G技术、人工智能技术等新兴趋势，并将其融入产品设计的企业，赢得了市场的青睐。

而如果企业对新技术反应迟缓，不能及时应用，就可能导致产品落伍，被市场淘汰。比如，一些传统制造企业由于未能及时引入数字化制造技术，导致生产效率低下，产品质量不稳定，逐渐失去了市场竞争力。

"**行业技术创新是否会导致公司现有产品或服务被快速淘汰？**"这是一个关乎企业生死存亡的重要问题。技术的进步往往具有颠覆性，可能会使现有的产品或服务在短时间内失去市场价值。

如果企业不能提前预判并做好应对准备，可能会遭受巨大的损失。例如，随着新能源汽车技术的快速发展，传统燃油汽车企业如果不能及时转型，其现有产品线可能会面临被快速淘汰的危机。

然而，技术创新也并非总是带来负面影响。如果企业能够积极拥抱技术变革，提前进行战略布局，将技术创新转化为升级现有产品或服务的动力，就有可能实现跨越式发展。比如，一些传统零售企业通过引入电子商务技术，实现了线上线下融合的新零售模式，提升了客户体验，拓展了市场空间。

"**公司是否与行业内的技术领先者有合作或战略合作关系？**"在技术创新的道路上，合作往往能够实现优势互补，加速创新进程。与行业内的技术领先者建立合作关系，可以使企业获取前沿技术、共享研发资源、降低研发风险。

例如，一家小型科技企业通过与大型科技公司的合作，获得了先进的技术支持和市场渠道，迅速提升了自身的技术水平和市场影响力。反之，如果企业孤立地进行技术研发，不仅难度大、成本高，而且可能错过行业发展的最佳时机。

"公司如何培养和吸引技术人才以适应技术创新的需求？"技术人才是企业推动技术创新的核心力量。拥有一支高素质、富有创新精神的技术人才队伍，是企业在技术浪潮中立足的根本。

企业需要建立完善的人才培养体系，为员工提供持续学习和成长的机会，激发他们的创新潜力。同时，通过提供有竞争力的薪酬待遇、良好的工作环境和发展空间，吸引外部优秀技术人才的加入。

比如，一些知名企业设立了专门的研发学院，为技术人员提供专业培训和交流平台，同时推出股权激励计划等优厚待遇，吸引了大量顶尖技术人才，为企业的技术创新提供了强大的人才保障。

综上所述，投资人提出的关于行业技术趋势和创新对公司影响的问题，对于企业的发展和投资者的关注具有至关重要的意义。

从企业内部管理的角度来看，回答这些问题有助于企业制定科学合理的研发战略和预算，优化技术跟踪和应用机制，提前评估技术创新带来的风险，积极开展合作与交流，加强技术人才的培养和引进。

在战略决策方面，对行业技术趋势的准确把握能够帮助企业明确未来的发展方向，及时调整产品和服务策略，提前布局新兴技术领域，抢占市场先机。

对于投资者而言，企业在技术创新方面的表现和应对能力是评估其投资价值和增长潜力的重要指标。一个能够紧跟技术趋势、不断创新的企业，往往更能吸引投资者的长期关注和支持。

因此，企业应当充分重视投资人的这些提问，将其作为推动企业技术创新和发展的重要契机。加强对行业技术趋势的研究和分析，加大研发投入，建立灵活高效的技术创新体系，培养和吸引优秀技术人才，不断提升企业的核心竞争力。同时，加强与投资者的沟通，展示企业在技术创新方面的成果和规划，增强投资者的信心。

在未来的发展道路上，企业只有紧紧抓住行业技术趋势和创新的脉搏，积极应对挑战，才能在激烈的市场竞争中立于不败之地，实现可持续的发展和价值创造。

🧑 融资者的解答

在研发方面，公司投入占营收的比例为（数量）%，与行业平均水平相比，处于（领先／平均／落后）地位。（若领先，阐述优势；若平均或落后，说明未来计划和改进措施。）

公司一直致力于及时跟踪和应用行业内的新技术。我们建立了专门的技术监测团队，密切关注行业动态和技术前沿，确保能够在第一时间获取最新信息。同时，我们也积极参与行业展会、研讨会等活动，与同行交流分享，以便迅速将适用的新技术融入到我们的产品或服务中。

行业技术创新对公司现有产品或服务确实带来一定的挑战，但不会导致快速淘汰。我们在产品规划和研发过程中，就充分考虑了技术更新换代的可能性，采用了模块化、可升级的设计架构，能够较为便捷地进行技术升级和功能优化，从而延长产品或服务的生命周期。

公司非常重视与行业内技术领先者的合作。目前，我们已经与（列举合作的技术领先者及其合作领域）建立了合作或战略合作关系。通过这些合作，我们能够获取前沿技术和专业知识，加速自身的技术创新进程。

为了培养和吸引技术人才以适应技术创新的需求，公司采取了一系列措施。在培养方面，我们为内部技术人员提供定期的培训课程、技术分享会以及参与重要项目的机会，帮助他们不断提升技术水平和创新能力。在吸引人才方面，我们提供具有竞争力的薪酬福利、良好的工作环境和广阔的发展空间，同时积极在各大招聘平台和技术社区宣传公司的技术愿景和发展前景，吸引优秀的技术人才加入。

总之，我们充分认识到行业技术趋势和创新的重要性，并通过一系列举措来积极应对，以确保公司能够在技术变革的浪潮中保持竞争力和持续发展。

行业的周期性和季节性因素
对公司业绩的影响如何？

- 公司如何在行业低谷期保持赢利能力和现金流？
- 公司是否有季节性的库存管理和生产计划调整策略？
- 行业周期性和季节性因素对公司的融资需求和资金成本有何影响？
- 公司如何利用行业的周期性进行投资和扩张？
- 行业周期性和季节性变化是否会影响公司的员工招聘和培训计划？

投资者的提问

当投资人提出关于行业周期性和季节性因素对公司业绩影响的一系列问题时，这不仅是对企业运营的关切，更是引导企业在复杂多变的市场环境中稳健前行的指南。

"公司如何在行业低谷期保持赢利能力和现金流？"这一问题直击企业生存与发展的关键。行业低谷期往往伴随着需求下降、价格下跌、竞争加剧等挑战，对企业的赢利能力构成巨大压力。

在这样的艰难时刻，企业需要展现出强大的应变能力和成本控制能力。通过优化运营流程、降低生产成本、削减不必要的开支，提高生产效率，以降低单位产品的成本，从而在价格下跌的情况下仍能保持一定的利润空间。

同时，企业还应积极拓展多元化的收入来源，寻找新的市场机会或开发新的产品与服务，以减轻对传统业务的依赖。加强应收账款的管理，确保资金及时回笼，优化库存管理，避免积压过多的存货占用资金。

例如，一些制造业企业在行业低谷期通过开展设备租赁、技术服务等副业，增加了收入来源；还有的企业通过与供应商重新谈判，降低原材料采购成本，保持了赢利能力。

"公司是否有季节性的库存管理和生产计划调整策略？"
季节性因素要求企业具备灵活的供应链管理能力。不同季节对产品或服务的需求存在明显差异，如果企业不能有效应对，可能导致库存积压或缺货的情况，影响企业的效益。

在旺季来临前，企业应提前做好生产计划，增加原材料储备，合理安排生产人员，确保能够满足市场需求。而在淡季，则应适当减少生产，降低库存水平，避免资金被过多占用。

以服装行业为例，夏季来临前，企业会提前生产并储备大量夏装；而冬季结束后，会减少冬装的生产，避免库存积压。通过精准的库存管理和生产计划调整，企业能够降低成本，提高资金使用效率。

"行业周期性和季节性因素对公司的融资需求和资金成本有何影响？" 这一问题关系到企业的财务健康和资金运作。在行业高峰期，企业可能需要大量资金来扩大生产、拓展市场，但此时融资相对容易，资金成本可能较低。

然而，在低谷期或淡季，企业的收入减少，资金需求可能依然存在，而此时融资难度加大，资金成本上升。因此，企业需要提前规划融资策略，根据行业周期和季节变化合理安排资金，确保资金链的稳定。

比如，一些企业会在行业繁荣期提前储备资金，或者与金融机构签订灵活的融资协议，以应对低谷期的资金需求。

"公司如何利用行业的周期性进行投资和扩张？" 行业的周期性为企业提供了战略布局的机会。在低谷期，资产价格往往较低，企业可以通过并购、投资等方式，以较低的成本获取优质资产和技术，为下一轮增长做好准备。

当行业进入上升周期时，企业前期的投资和扩张能够带来丰厚的回报。但这需要企业具备准确的市场判断能力和风险承受能力。

例如，一些房地产企业在市场低谷时低价收购土地和项目，在市场回暖时实现了项目的高利润开发。

"行业周期性和季节性变化是否会影响公司的员工招聘

和培训计划？" 这一问题涉及企业的人力资源管理。季节性需求的波动可能导致企业在旺季需要大量临时员工，而在淡季则需要合理精简人员。

同时，行业周期性的变化也会影响企业对员工技能和知识的需求。在低谷期，企业可以加强员工培训，提升员工素质，为行业复苏后的发展储备人才。

例如，旅游行业在旺季会招聘大量导游和服务人员，而在淡季则会组织员工参加业务培训，提升服务水平。

综上所述，投资人提出的关于行业周期性和季节性因素对公司业绩影响的问题，对于企业和投资者都具有极其重要的意义。

从企业内部管理的角度来看，深入思考这些问题有助于企业建立完善的风险管理体系，提高运营效率，优化财务规划，加强人力资源管理。

在战略决策方面，对行业周期性和季节性的准确把握能够帮助企业制定更具前瞻性和适应性的发展战略，合理安排资源，抓住机遇，规避风险。

对于投资者而言，企业应对行业周期性和季节性因素的能力是评估其投资价值和风险的重要考量因素。一个能够在行业波动中保持稳定业绩、灵活调整策略的企业，更能吸引投资者的关注和信任。

因此，企业应当高度重视投资人的这些提问，将其作为审视自身运营和发展的重要视角。加强对行业周期性和季节性特点的研究和预测，制定科学合理的应对策略，不断提升企业的抗风险能力和竞争力。同时，与投资者保持透明、有效的沟通，可以展示企业在应对行业波动方面的能力和信心。

在未来的商业征程中，企业只有深刻理解并善于驾驭行业的周期性和季节性变化，才能在波涛汹涌的市场中稳健航行，实现可持续的发展和价值创造。

👤 融资者的解答

在行业低谷期，为保持赢利能力和现金流，我们采取了一系列措施。首先，我们会优化成本结构，降低不必要的开支，同时提高运营效率。其次，加强客户关系管理，努力维护现有客户，并积极开拓新的市场需求。此外，我们会加大对高附加值产品或服务的推广，提升整体利润率。

针对季节性因素，我们制定了相应的库存管理和生产计划调整策略。在旺季来临前，提前做好原材料储备，合理安排生产班次，增加产能以满足市场需求；而在淡季，则适当降低库存水平，减少生产规模，避免库存积压和资源浪费。

行业周期性和季节性因素对公司的融资需求和资金成本确实会产生一定影响。在行业低谷或淡季，融资需求可能相对较低,此时我们会与金融机构保持良好沟通,争取更有利的融资条件和较低的资金成本。而在旺季或行业扩张期,融资需求增加,我们会提前规划,确保资金的及时到位。

在利用行业周期性进行投资和扩张方面,我们会密切关注行业周期的变化,在低谷期进行战略布局,比如投资研发新技术、收购优质资产或拓展市场份额,为行业复苏和繁荣期做好准备。

行业周期性和季节性变化也会影响公司的员工招聘和培训计划。在旺季或业务扩张期,我们会提前招聘和培训所需的员工,以满足生产和服务需求。而在淡季,则会侧重于员工的技能提升培训,提高员工的综合素质,为旺季做好准备。同时,根据业务量的变化,可能会采取灵活的用工方式,如临时聘用或外包部分非核心业务。

总之,我们对行业的周期性和季节性因素有清晰的认识,并制定了相应的策略来应对,以降低其对公司业绩的不利影响,同时充分利用其中的机会实现公司的持续发展。

第三篇
问道市场玄机

问道 十

公司的目标市场和客户群体是谁？

- 目标市场的地域分布特点如何，公司是否有针对性的市场拓展计划？
- 客户群体的年龄、性别、收入水平等特征对公司产品或服务的需求有何影响？
- 公司如何获取和分析目标市场和客户群体的需求信息？
- 公司是否有针对不同客户群体的定制化产品或服务策略？
- 目标市场和客户群体的消费习惯和偏好的变化趋势对公司有何影响？

🧑 投资者的提问

当投资人提出关于这方面的一系列问题时，不仅是对企业发展方向的审视，更是为企业提供了深度思考和优化策略的契机。

"目标市场的地域分布特点如何，公司是否有针对性的市场拓展计划？"地域分布特点对于企业的市场布局至关重要。不同地区在经济发展水平、消费习惯、文化背景等方面存在差异，这些因素直接影响着产品或服务的需求和接受程度。

如果目标市场主要集中在某一特定地域，企业需要深入挖掘该地区的市场潜力，巩固和扩大市场份额。例如，一家专注于高端护肤品的公司，其目标市场可能集中在经济发达、消费能力较强的一线城市，那么在这些地区，企业可以加大品牌推广，开设更多的专柜和体验店。

然而，如果企业希望实现更广泛的市场覆盖，就需要制订针对性的拓展计划。对于新兴市场，可能需要进行充分的市场调研，了解当地法规政策、消费者需求和竞争对手情况，采取逐步渗透的策略。对于潜力巨大但尚未开发的地区，可能需要投入更多的资源进行市场培育和品牌宣传。

"客户群体的年龄、性别、收入水平等特征对公司产品或服务的需求有何影响？" 客户的这些基本特征是企业进行产品定位和服务优化的重要依据。

不同年龄段的客户有着不同的消费偏好和需求。例如，年轻消费者可能更注重产品的时尚性、创新性和社交属性，而中老年消费者可能更关注产品的实用性、品质和性价比。

性别差异也会导致需求的不同。比如，在服装行业，女性可能对款式、颜色和搭配的多样性有更高的要求，而男性可能更注重品牌和舒适度。

收入水平则直接决定了客户的购买能力和对价格的敏感度。高收入群体可能更愿意为高品质、个性化的产品或服务支付溢价，而低收入群体则更倾向于选择价格实惠、性价比高的商品。

企业只有充分了解这些特征对需求的影响，才能精准地开发出符合客户期望的产品和服务，提高客户满意度和忠诚度。

"公司如何获取和分析目标市场和客户群体的需求信息？"有效的信息获取和分析是企业满足客户需求的前提。

企业可以通过多种渠道收集信息，如市场调研、客户反馈、销售数据、社交媒体监测等。市场调研可以采用问卷调查、访谈、焦点小组等方式，直接了解客户的想法和需求。客户反馈则来自售后服务、在线评论、投诉建议等，能够反映客户在使用产品或服务过程中的真实感受。

销售数据能够揭示不同产品在不同地区、不同时间段的销售情况，帮助企业发现市场的热点和趋势。社交媒体监测则可以捕捉到消费者的实时讨论和关注点。

获取信息后，企业需要运用数据分析工具和方法，对这些海量的数据进行整理、分析和挖掘，提取有价值的信息和洞察。例如，通过聚类分析可以将客户分为不同的细分群体，以便制定更有针对性的营销策略；通过关联分析可以发现产品属性与客户需求之间的关系，为产品改进提供依据。

"**公司是否有针对不同客户群体的定制化产品或服务策略?**"在市场细分的基础上,提供定制化的产品或服务是满足客户个性化需求、提高竞争力的有效手段。

针对不同客户群体的特点和需求,企业可以在产品功能、设计、包装、价格等方面进行差异化设计。例如,对于追求高品质生活的高端客户,推出限量版、手工制作的产品,并提供专属的售后服务;对于注重性价比的大众客户,提供简约实用、价格亲民的产品系列。

在服务方面,也可以根据客户的需求提供个性化的解决方案。比如,为企业客户提供定制化的解决方案和培训服务,为个人客户提供个性化的咨询和定制服务。

"**目标市场和客户群体的消费习惯和偏好的变化趋势对公司有何影响?**"消费习惯和偏好的变化是市场动态的重要体现,对企业的发展具有深远影响。

随着社会经济的发展、科技的进步和文化的变迁,消费者的需求在不断演变。例如,随着健康意识的增强,消费者对健康食品、运动产品和医疗服务的需求增加;随着数字化生活的普及,消费者对线上购物、数字娱乐和智能设备的需求日益旺盛。

企业如果不能及时捕捉到这些变化趋势,调整产品和服务策略,可能会逐渐失去市场份额。相反,那些能够敏锐洞察并快速响应市场变化的企业,能够推出符合消费者需求的新产品和服务，从而在竞争中脱颖而出。

综上所述，投资人关于公司目标市场和客户群体的提问，对于企业的发展和投资者的关注具有至关重要的意义。

从企业内部管理的角度来看，明确目标市场和客户群体有助于优化资源配置，提高运营效率。企业可以将有限的资源集中投入到最有潜力的市场和客户群体中，避免资源的分散和浪费。同时，有助于加强团队协作和沟通，使研发、生产、营销等各个部门围绕共同的目标开展工作，提高工作的协同性和有效性。

在市场营销方面，清晰的市场定位和客户画像能够帮助企业制定更精准、更有效的营销策略。企业可以根据目标市场和客户群体的特点，选择合适的营销渠道和传播方式，提高营销效果和投入产出比。同时，有助于提升客户体验和满意度，通过提供符合客户需求的产品和服务，增强客户对企业的认同感和忠诚度。

对于投资者而言，企业对目标市场和客户群体的清晰认识和有效应对是评估企业投资价值和发展潜力的重要因素。一个能够准确把握市场需求、不断满足客户期望的企业，更有可能实现持续稳定的增长，为投资者带来丰厚的回报。

因此，企业应当高度重视投资人的这些提问，将其作为反思和改进自身经营策略的重要依据。持续深入地研究目标市场和客户群体，不断优化产品和服务，提升企业的市场适应能力和竞争力。同时，加强与投资者的沟通，展示企业在满足客户需求方面的努力和成果，增强投资者的信心。

在未来的商业竞争中，企业只有始终以目标市场和客户群体为中心，不断创新和优化，才能在市场的浪潮中屹立不倒，实现可持续的发展和价值创造。

融资者的解答

我们公司的目标市场主要集中在（具体地域1）、（具体地域2）等地区。这些地域具有（阐述地域分布特点，如经济发展水平高、行业需求旺盛等）的特点。针对这样的地域分布，我们有明确且有针对性的市场拓展计划。例如，在（重点地域）加大市场推广投入，与当地的合作伙伴建立更紧密的合作关系，以进一步提高市场占有率。

我们的客户群体在年龄上主要分布在（年龄区间1）至（年龄区间2），性别以（主要性别）为主，收入水平多处于（收入范围1）至（收入范围2）。这些特征对公司产品或服务的需求有着显著影响。比如，年龄较小的客户群体更注重产品的（具体特点1），而年龄较大的客户则更关注（具体特点2）；不同收入水平的客户对价格敏感度和对产品品质的要求也有所不同。

为了获取和分析目标市场和客户群体的需求信息，我们采用了多种方法。首先，通过市场调研公司定期收集和分析市场数据；其次，利用在线调查问卷和社交媒体平台收集客户反馈；此外，我们的销售和客服团队与客户保持密切沟通，及时获取一手信息。然后，对这些信息进行深入的数据分析和挖掘，以了解客户的需求变化和趋势。

针对不同的客户群体，我们有定制化的产品或服务策略。对于（特定客户群体1），我们推出了（定制化产品或服务1），满足他们在（具体方面）的特殊需求；对于（特定客户群体2），则提供了（定制化产品或服务2）。

目标市场和客户群体的消费习惯和偏好的变化趋势对公司影响重大。例如，近年来客户对环保、便捷性的需求不断增加，促使我们加大在（相关方面）的研发和改进力度，推出更符合市场需求的产品或服务。同时，我们也会根据这些变化趋势及时调整市场推广和销售策略，以保持与市场的同步。

公司的市场份额和市场增长率如何?

- 公司在不同细分市场的市场份额和增长率分别是多少?

- 公司市场份额的增长是通过抢占竞争对手的份额还是开拓新市场实现的?

- 公司的市场增长率与行业平均增长率相比是否具有优势?

- 公司如何评估和预测不同市场的增长潜力,并相应分配资源?

- 市场份额和增长率的变化对公司的品牌形象和客户忠诚度有何影响?

👤 投资者的提问

当投资人提出一系列关于这方面的问题时,如同为企业敲响了奋进的鼓点,促使企业家深入思考,引领企业朝着更广阔的前景迈进。

"公司在不同细分市场的市场份额和增长率分别是多

少？"这一问题要求企业对自身在各个细分领域的表现有清晰的认知。不同的细分市场具有独特的需求特点和竞争格局，企业在其中的市场份额和增长率能够反映其产品或服务的针对性和适应性。

例如，一家电子消费品公司，在高端市场可能凭借技术创新和品牌优势占据较高的市场份额并保持稳定增长；而在中低端市场，可能面临激烈竞争，市场份额较小但增长率较高，具有较大的发展潜力。通过详细了解不同产品在不同细分市场的状况，企业能够精准地制定差异化的市场策略，优化资源配置。

"公司市场份额的增长是通过抢占竞争对手的份额还是开拓新市场实现的？"这一问题揭示了企业增长的途径和竞争策略。如果公司主要通过抢占竞争对手的份额来实现增长，说明企业在产品差异化、价格策略、营销手段等方面具有较强的竞争力，能够从现有市场中分得更大的蛋糕。这种方式往往伴随着激烈的竞争和市场摩擦，容易引发价格战和营销战。如果公司是通过开拓新市场来实现增长，例如挖掘新兴的消费需求、进入未开发的地理区域或推出全新的产品品类，这显示了企业的创新能力和市场洞察力。但开拓新市场也伴随着风险，需要投入大量资源进行市场培育和渠道建设。

"公司的市场增长率与行业平均增长率相比是否具有优

势？"这一对比能够直观地反映出企业在行业中的地位和发展态势。如果公司的市场增长率高于行业平均水平，说明企业在市场中表现出色，具有较强的竞争力和发展动力，可能是因为其产品创新、服务优化、营销策略有效等原因。

相反，如果低于行业平均增长率，企业则需要深入反思自身存在的问题，是产品竞争力不足、市场拓展不力，还是内部管理不善等，以便及时调整战略，迎头赶上。

"公司如何评估和预测不同市场的增长潜力，并相应分配资源？"有效的市场评估和预测是企业资源合理配置的基础。企业需要综合考虑多种因素，如市场规模、市场饱和度、消费者需求变化、技术创新趋势、政策法规等，来评估不同市场的增长潜力。

对于高增长潜力的市场，企业应加大资源投入，包括研发、生产、营销等方面，以迅速占领市场份额，建立竞争优势。而对于增长潜力有限的市场，企业则需要谨慎投入，甚至考虑逐步收缩资源，以降低风险和提高资源利用效率。

"市场份额和增长率的变化对公司的品牌形象和客户忠诚度有何影响？"市场表现的动态变化不仅反映在数字上，还深刻地影响着企业的无形资产。当公司的市场份额不断扩大、增长率持续上升时，往往会给消费者传递出积极的信号，增强品牌的知名度和美誉度，进而提高客户的忠诚度。

客户会更倾向于选择市场领先且发展良好的品牌，认为其产品或服务更具价值和可靠性。相反，如果市场份额下滑、增长率放缓，可能会引发消费者的担忧和质疑，对品牌形象造成损害，导致客户忠诚度下降，甚至客户流失。

综上所述，投资人提出的关于公司市场份额和市场增长率的问题，对于企业和投资者都具有极其重要的意义。

从企业内部管理的角度来看，回答这些问题有助于企业建立完善的市场监测和分析体系，及时掌握市场动态，为决策提供准确依据。同时，促进企业内部各部门之间的协同合作，共同为提升市场份额和增长率而努力。在资源配置方面，根据市场评估和预测结果，合理分配人力、物力和财力资源，提高资源利用效率。

在战略规划方面，对市场份额和增长率的深入分析能够帮助企业明确自身的竞争优势和不足，制定更加科学合理的发展战略。企业可以根据不同市场的特点和潜力，选择集中化、差异化或多元化的战略方向，实现可持续增长。

对于投资者而言，公司的市场份额和增长率是评估其投资价值和风险的重要指标。一个市场份额不断扩大、增长率持续领先的企业，往往具有更大的发展潜力和投资吸引力。相反，市场表现不佳的企业可能让投资者望而却步。

因此，企业应当充分重视投资人的这些提问，将其转化为推动企业发展的强大动力。不断加强市场研究和分析，提升产品和服务质量，创新营销策略，优化资源配置，以提高市场份额和增长率。同时，积极与投资者进行沟通，展示企业在市场竞争中的优势和发展潜力，增强投资者的信心。

在未来的商业征程中，企业只有密切关注市场份额和增长率的变化，不断适应市场需求，创新发展模式，才能在激烈的市场竞争中脱颖而出，实现长期稳定的发展，为股东和社会创造更大的价值。

👤 融资者的解答

在不同细分市场中，我们的市场份额和增长率情况如下：在（细分市场1），市场份额约为（数量）%，增长率为（数量）%；在（细分市场2），市场份额为（数量）%，增长率达到了（数量）%。

公司市场份额的增长是通过多种途径实现的。一方面，我们通过提升产品或服务的质量和竞争力，从竞争对手那里抢占了一定的份额；另一方面，积极开拓新市场，挖掘潜在客户需求，为市场份额的增长注入了新的动力。

与行业平均增长率相比，我们在部分市场具有明显的优势。例如，在（具有优势的市场），我们的增长率超过行业平均水平（数量）个百分点，这得益于我们的创新能力、优质的客户服务以及有效的市场策略。

为了评估和预测不同市场的增长潜力，我们会综合考虑多个因素，包括市场规模、市场需求趋势、竞争态势、技术发展趋势等。通过深入的市场调研和数据分析，对各个市场的增长潜力进行量化评估。然后，根据评估结果相应地分配资源，将更多的人力、物力和财力投入到增长潜力大的市场，以实现资源的最优配置。

市场份额和增长率的变化对公司的品牌形象和客户忠诚度有着重要的影响。当市场份额和增长率稳步提升时，能够增强客户对我们的信心，提升品牌的知名度和美誉度，进而提高客户的忠诚度。反之，如果市场份额下降或增长率放缓，可能会引发客户的担忧，对品牌形象产生一定的负面影响，导致客户忠诚度的波动。但我们会通过积极的措施来应对，保持良好的发展态势。

 十二　公司的客户满意度和忠诚度如何？

- 公司如何测量客户满意度和忠诚度，采用的指标和方法是否科学有效？
- 客户投诉的主要原因是什么？公司的处理机制和改进措施是否到位？
- 公司是否有客户奖励或回馈计划以提高客户忠诚度？
- 客户满意度和忠诚度的变化对公司的口碑和市场推广有何影响？
- 公司如何在提高客户满意度的同时控制成本？

👤 投资者的提问

当投资人提出关于公司客户满意度和忠诚度的一系列问题时，犹如为企业点亮了一盏明灯，引导其深入思考如何更好地满足客户需求，提升客户体验，进而实现可持续发展。

"公司如何测量客户满意度和忠诚度，采用的指标和方法是否科学有效？"这一问题直指企业了解客户感受的基础。

科学有效的测量方法是准确把握客户态度的前提。

企业可以通过问卷调查、在线评论分析、客户回访等方式收集客户的反馈。然而，仅仅收集数据是不够的，关键在于如何分析和解读这些数据。例如，简单的满意度评分可能无法全面反映客户的真实感受，还需要进一步挖掘客户在具体方面的评价和建议。

如果采用的指标和方法不科学有效，企业可能会得到误导性的信息，从而做出错误的决策。相反，科学合理的测量能够为企业提供准确的洞察，帮助其发现问题所在，为改进提供明确的方向。

"客户投诉的主要原因是什么？公司的处理机制和改进措施是否到位？" 客户投诉是企业发现自身不足的重要线索。深入分析投诉的原因，可以揭示产品或服务中的缺陷、流程的不畅以及员工服务的不到位等问题。

当接收到客户投诉时，公司的处理态度和效率至关重要。一个及时、积极且有效的处理机制能够将客户的不满转化为满意，甚至增强客户的忠诚度。但如果处理不当，不仅会失去投诉的客户，还可能对企业的口碑造成负面影响。

例如，某电商平台在处理客户投诉物流延迟的问题时，不仅及时道歉赔偿，还优化了物流合作伙伴和内部管理流程，从而提升了整体的服务质量。

"公司是否有客户奖励或回馈计划以提高客户忠诚度？"

在竞争激烈的市场中，奖励和回馈计划是留住客户的有效手段。

这些计划可以包括积分系统、会员特权、折扣优惠、生日礼物等。通过给予客户额外的价值和关怀，使客户对企业产生认同感和归属感，从而提高重复购买的意愿和推荐给他人的可能性。

比如，航空公司的常旅客计划，通过积分兑换免费机票和升舱服务，吸引旅客持续选择该航空公司。

"**客户满意度和忠诚度的变化对公司的口碑和市场推广有何影响？**"客户的满意度和忠诚度直接影响着企业的口碑。满意和忠诚的客户往往会成为企业的品牌传播者，通过口碑推荐为企业带来新客户。

相反，不满意的客户可能会在社交媒体和朋友间传播负面评价，对企业形象造成损害。在市场推广方面，高客户满意度和忠诚度能够增强营销活动的效果，降低推广成本。

例如，一家餐厅因为提供优质的食物和服务，获得了客户的高度评价，其在社交媒体上的好评吸引了更多的顾客前来就餐，而无须投入大量的广告费用。

"**公司如何在提高客户满意度的同时控制成本？**"这是企业在追求客户价值时需要平衡的关键问题。

提高客户满意度可能需要投入更多的资源，如提升产品质量、加强员工培训、优化服务流程等，但这并不意味着要无限制地增加成本。企业需要通过精细化管理、优化运营流程、提高效率等方式，在不牺牲客户体验的前提下，实现成本的有效控制。

比如，通过技术创新提高生产效率，降低产品成本，从而能够在不提高价格的情况下提供更好的品质。

综上所述，投资人关于公司客户满意度和忠诚度的提问，对于企业的发展和投资者的关注具有深远的意义。

从企业内部管理的角度来看，关注这些问题有助于企业建立以客户为中心的文化，促使各个部门协同合作，共同为提升客户体验而努力。同时，有助于优化内部流程，提高运营效率，降低成本，提升企业的赢利能力。

在市场营销方面，了解客户满意度和忠诚度能够使企业更有针对性地制定营销策略，提高营销效果。通过精准满足客户需求，提高客户的转化率和留存率，实现市场份额的增长。

对于投资者而言，客户满意度和忠诚度是评估企业长期价值和稳定性的重要指标。一个能够赢得客户高度满意和忠诚的企业，通常具有更强的市场竞争力和可持续发展能力，更能吸引投资者的青睐。

因此，企业应当高度重视投资人的这些提问，将其作为改进和优化自身经营的重要依据。不断完善客户满意度和忠诚度的测量和管理体系，深入分析客户需求和反馈，采取切实有效的措施提升客户体验。同时，加强与投资者的沟通，展示企业在客户关系管理方面的努力和成果，增强投资者的信心。

在未来的商业世界中，企业只有始终将客户满意度和忠诚度放在首位，不断创新和改进，才能在激烈的市场竞争中立于不败之地，实现长期稳定的发展和价值创造。

融资者的解答

我们通过多种方式来测量客户满意度和忠诚度，确保所采用的指标和方法科学有效。例如，定期开展客户满意度调查，使用问卷调查、电话访谈和在线评价等形式收集客户反馈。所采用的指标包括客户的重复购买率、推荐意愿、投诉率等。同时，运用数据分析工具对收集到的数据进行深入分析，以准确评估客户的满意度和忠诚度水平。

客户投诉的主要原因集中在哪（列举主要原因，如产品质量、服务响应速度等）。针对这些投诉，我们建立了完善的处理机制。一旦收到投诉，会在（规定时间）内响应客户，由专门的客服团队进行跟进和处理，并及时反馈处理结果。同时，根据投诉情况深入分析根本原因，采取相应的改进措施，如优化产品生产流程、加强员工培训等，以避免类似问题再次发生。

为了提高客户忠诚度，公司制订了客户奖励或回馈计划。例如，对于长期合作的忠实客户，提供积分奖励、优先服务、专属优惠等。还会定期举办客户回馈活动，增强与客户的互动和情感联系。

客户满意度和忠诚度的变化对公司的口碑和市场推广具有重要影响。高满意度和忠诚度能够带来良好的口碑传播，客户会主动向他人推荐我们的产品或服务，从而降低市场推广成本，吸引更多新客户。相反，若客户的满意度和忠诚度下降，可能导致负面口碑，对公司形象和市场推广造成不利影响。

在提高客户满意度的同时，我们也要注重成本控制。一方面，通过优化内部流程、提高运营效率来降低成本，而不是简单地削减服务或产品质量；另一方面，精准定位客户的核心需求，有针对性地投入资源进行改进和优化，避免不必要的浪费。

总之，我们高度重视客户满意度和忠诚度，不断完善相关措施和机制，以实现客户满意与公司成本控制的平衡，促进公司的可持续发展。

公司的销售渠道和营销策略是否有效？

- 公司不同销售渠道的销售成本和利润率分别是多少？
- 公司的营销活动的投资回报率如何评估和优化？
- 公司是否有线上线下融合的销售和营销策略？
- 公司如何应对市场变化和竞争对手的营销策略调整？
- 公司的销售渠道和营销策略在不同地区和客户群体中的效果是否存在差异？

👤 投资者的提问

当投资人提出关于这方面的一系列问题时，无疑是在为企业敲响警钟，促使其深入反思，不断优化，以实现更好的发展和运营。

"公司不同销售渠道的销售成本和利润率分别是多少？"这一问题直击企业销售渠道管理的核心。了解不同销售渠道的成本和利润情况，有助于企业合理分配资源，优化渠道布局。

例如，传统的实体店铺销售可能需要承担高昂的租金、人工和库存成本，但能够提供面对面的客户服务和产品体验；而线上电商平台的销售成本可能相对较低，但在物流配送和客户获取方面可能需要投入更多。通过对各个渠道成本和利润率的精确计算和比较，企业可以明确哪些渠道是赢利的"主力军"，哪些是需要优化或削减的"短板"。

如果企业对各渠道的成本和利润情况模糊不清，可能会导致资源的浪费和错误的决策。比如，过度依赖某个看似销售额高但利润率低的渠道，而忽视了具有潜力的高利润渠道。

"公司的营销活动的投资回报率如何评估和优化？"营销活动是企业吸引客户、促进销售的重要手段，但投资回报率是衡量其有效性的关键指标。

评估营销活动的投资回报率需要综合考虑多个因素，如广告投放费用、促销活动成本、新增客户数量、销售额增长等。通过建立科学的评估体系，企业能够准确判断哪些营销活动带来了显著的回报，哪些营销投入大于产出。

基于评估结果，企业可以对营销策略进行优化。例如，对于效果不佳的广告投放平台进行调整或更换，对受欢迎的促销活动加大投入和推广力度。不断优化投资回报率，能够使企业在有限的营销预算下实现最优的市场效果。

"公司是否有线上线下融合的销售和营销策略？"在当今

数字化时代，线上线下融合已成为销售和营销的重要趋势。

线上渠道具有便捷、信息传播快、覆盖范围广等优势，而线下渠道则能够提供真实的产品体验和即时的客户服务。将两者有机结合，能够为客户提供无缝的购物体验，增强客户的满意度和忠诚度。

比如，一家服装企业可以通过线上平台展示产品、接受订单，同时利用线下门店提供试穿、个性化咨询和售后服务。如果企业缺乏线上线下融合的策略，可能会错失很多潜在客户，无法充分发挥不同渠道的协同效应。

"公司如何应对市场变化和竞争对手的营销策略调整？"市场环境和竞争对手的策略都在不断变化，企业需要具备敏锐的洞察力和快速的反应能力。

当市场需求发生转变时，企业应及时调整产品定位和营销策略。例如，随着消费者对健康生活的追求增加，食品企业可能需要强调产品的天然、无添加等特点。而当竞争对手推出新的营销活动或调整价格策略时，企业需要迅速评估其影响，并采取相应的对策，如推出更有竞争力的促销方案或强化自身的品牌优势。

如果企业反应迟缓，不能及时应对市场和竞争对手的变化，可能会逐渐失去市场份额，被消费者和市场所淘汰。

"公司的销售渠道和营销策略在不同地区和客户群体中的效果是否存在差异？"由于地区经济发展水平、消费习惯、文化背景的不同，以及客户群体的年龄、性别、收入等因素的影响，销售渠道和营销策略的效果可能会有所差异。

比如，在一线城市，消费者可能更倾向于线上购物和高端品牌；而在二三线城市，实体店铺和性价比高的产品可能更受欢迎。对于年轻人，社交媒体营销和个性化的推广可能更有效；而对于中老年人，传统的广告和口碑传播可能更具影响力。

企业只有充分了解这些差异，并制定针对性的销售和营销策略，才能精准地满足不同地区和客户群体的需求，提高销售效果和客户满意度。

综上所述，投资人关于公司销售渠道和营销策略是否有效的提问，对于企业和投资者都具有至关重要的意义。

从企业内部管理的角度来看，回答这些问题有助于企业优化销售渠道管理，提高营销决策的科学性和精准性。促进各部门之间的协作与沟通，形成以市场为导向的工作机制。同时，有助于降低销售成本，提高利润率，增强企业的赢利能力和市场竞争力。

在战略规划方面，对销售渠道和营销策略的深入分析能够帮助企业把握市场趋势，明确自身的市场定位和发展方向。企业可以根据市场变化和客户需求，及时调整战略，推出创新的销售和营销模式，以适应不断变化的市场环境。

对于投资者而言，销售渠道和营销策略的有效性是评估企业市场表现和发展潜力的重要依据。一个能够灵活应对市场变化，拥有高效销售渠道和营销策略的企业，往往更能吸引投资者的关注和投资。

因此，企业应当充分重视投资人的这些提问，将其作为审视和改进自身经营策略的重要契机。不断加强对销售渠道和营销策略的研究和创新，提升企业的市场适应能力和竞争实力。同时，积极与投资者进行沟通，展示企业在销售和营销方面的优势和成果，增强投资者的信心。

在未来的商业征程中，企业只有不断优化销售渠道和营销策略，紧密结合市场需求和客户期望，才能在激烈的市场竞争中脱颖而出，实现可持续的发展和价值创造。

融资者的解答

对于公司不同销售渠道，其销售成本和利润率情况如下：（渠道1）的销售成本为（X），利润率约为X%（数量）；（渠道2）的销售成本为（X），利润率约为X%（数量），以此类推。我们会持续监控和分析各渠道的成本与利润，以优化资源配置。

评估和优化营销活动的投资回报率方面，我们采用多种方法和指标。在活动前设定明确的目标，如销售额增长、新客户获取数量等。活动进行中，实时监测关键数据，如曝光量、点击量、转化率等。活动结束后，综合计算投入产出比，分析每个渠道和营销手段的效果，找出高效和低效的部分，为后续优化提供依据。

公司积极推行线上线下融合的销售和营销策略。线上通过社交媒体推广、电商平台合作等方式扩大品牌影响力和覆盖范围；线下通过参加展会、举办活动、与经销商合作等途径增强客户体验和信任度。通过线上线下的互动和协同，提高销售效果。

面对市场变化和竞争对手的营销策略调整，我们建立了快速响应机制。密切关注市场动态和竞争对手的行动，定期进行市场调研和竞争分析。根据变化及时调整我们的策略，如优化产品定价、推出特色促销活动、加强客户服务等，以保持竞争优势。

公司的销售渠道和营销策略在不同地区和客户群体中的效果确实存在差异。例如，在（地区1），（渠道1）的效果更为显著，因为当地消费者更倾向于（消费习惯或偏好）；而对于（客户群体1），（营销策略1）更能引起他们的共鸣。基于这些差异，我们会针对性地调整和优化策略，以提高整体销售效果。

总之，我们不断评估和改进销售渠道和营销策略，以适应市场变化，提高销售效果和投资回报率。

问道 十四　　　公司是否依赖少数大客户？

- 大客户的采购决策过程和影响因素是什么？公司是否能够有效影响？
- 公司与大客户的合同期限和续约条件如何？
- 大客户的业务变化或战略调整对公司的影响有多大？
- 公司如何减轻对大客户的依赖，拓展中小客户市场？
- 大客户的信用状况和付款周期对公司的现金流有何影响？

👤 投资者的提问

当投资人提出关于公司是否依赖少数大客户的一系列问题时，恰如一道道警示的闪电，照亮了企业发展道路上可能被忽视的暗礁。

"大客户的采购决策过程和影响因素是什么？公司是否能够有效影响？"理解大客户的采购决策机制对于企业至关重要。大客户的采购往往涉及复杂的流程和众多的考量因素，包括但不限于产品质量、价格、服务水平、供应商的稳定性以及与企业的合作历史等。

如果公司能够深入了解并有效影响这些决策因素，就有可能在竞争中脱颖而出，稳固与大客户的合作关系。例如，通过提供定制化的解决方案、优化产品性能以满足大客户的特定需求，或者建立紧密的沟通机制，及时响应大客户的关切，从而增加在其采购决策中的权重。

然而，如果公司对大客户的采购决策过程一知半解，无法施加有效的影响，就可能处于被动地位，随时面临失去订单的风险。

"公司与大客户的合同期限和续约条件如何？"合同期限和续约条件直接关系到企业业务的稳定性和可持续性。较长的合同期限通常能为企业提供一定的保障，但也可能导致企业在合作过程中变得懈怠，忽视了创新和服务质量的提升。

而续约条件则往往决定了企业在未来能否继续与大客户携手前行。如果续约条件苛刻，比如要求大幅降低价格、提高服务标准或者承担更多的风险，企业可能会面临利润压缩甚至无法续约的困境。

因此，企业需要在签订合同时就充分考虑这些因素，制定合理的应对策略，确保在合同期内既能满足大客户的要求，又能保障自身的利益。

"大客户的业务变化或战略调整对公司的影响有多大？"

大客户作为行业中的重要参与者，其自身的业务变化和战略调整不可避免。当大客户拓展新的业务领域时，可能会为企业带来新的合作机会；但如果大客户缩减业务规模、调整产品线或者更换供应商策略，企业则可能会遭受重大损失。

比如，一家为大客户提供零部件的制造企业，如果大客户决定将生产外包或者自行研发生产，那么这家供应商的订单量可能会急剧下降。

企业必须密切关注大客户的动态，提前做好预案，降低大客户业务变化带来的冲击。

"公司如何减轻对大客户的依赖，拓展中小客户市场？" 过度依赖少数大客户使企业的命运在很大程度上被大客户所左右，因此拓展中小客户市场是实现业务多元化和降低风险的关键。

要拓展中小客户市场，企业需要调整销售策略，可能需要投入更多的资源进行市场推广、建立销售渠道以及优化客户服务体系，以满足中小客户多样化的需求。同时，要创新产品和服务，开发适合中小客户的解决方案，提高市场竞争力。

例如，通过建立电商平台或者与代理商合作，扩大销售网络覆盖范围，接触更多的中小客户。

"大客户的信用状况和付款周期对公司的现金流有何影响？" 大客户的信用状况直接关系到款项能否按时回收，而付款周期则影响着企业资金的周转速度。良好的信用状况和较短的付款周期能够保证企业现金流的稳定，为企业的运营和发展提供有力的支持。

相反，如果大客户信用不佳或者付款周期过长，企业可能会面临资金紧张、增加财务成本甚至资金链断裂的风险。

企业需要建立完善的信用评估体系，加强应收账款的管理，与大客户协商合理的付款条件，确保现金流的健康。

综上所述，投资人关于公司是否依赖少数大客户的提问，对于企业的发展和投资者的关注具有极其重要的意义。

从企业内部管理的角度来看，思考这些问题有助于企业优化客户关系管理，建立风险预警机制，提高应对不确定性的能力。促使企业加强内部协同，整合资源，提升整体运营效率和服务质量。

在战略规划方面，对大客户依赖风险的清晰认识能够帮助企业制定更具前瞻性和稳健性的发展战略。企业可以在巩固与大客户合作的同时，积极拓展市场，降低单一客户带来的风险，实现客户结构的优化和平衡发展。

对于投资者而言，大客户依赖程度是评估企业经营风险和投资价值的重要考量因素。一个能够有效管理大客户关系、降低依赖风险并实现客户多元化的企业，往往更能吸引投资者的长期支持。

因此，企业应当高度重视投资人的这些提问，将其作为反思和改进自身经营模式的重要契机。加强对大客户的分析和管理，积极拓展中小客户市场，优化财务管理，提升企业的抗风险能力和可持续发展能力。同时，加强与投资者的沟通，展示企业在减轻大客户依赖方面的努力和成果，增强投资者的信心。

在未来的商业旅程中，企业只有摆脱大客户依赖的束缚，构建多元化、稳定的客户体系，才能在市场的风浪中稳健航行，实现长期繁荣和可持续发展。

👤 融资者的解答

大客户的采购决策过程通常较为复杂，会综合考虑产品质量、价格、服务、供应商的稳定性等因素。公司通过与大客户保持密切沟通，深入了解其需求，提供定制化的解决方案，并展示我们的专业能力和优势，这样能够在一定程度上影响其采购决策。

公司与大客户的合同期限各不相同，一般在（数量）年左右。续约条件主要包括持续满足客户需求、保持良好的合作关系、提供具备竞争力的产品和服务等。我们会提前与大客户沟通续约事宜，确保顺利续约。

大客户的业务变化或战略调整对公司可能会产生一定影

响。但我们可通过密切关注大客户的动态，提前制订应对方案，尽量减少其负面影响。例如，如果大客户业务收缩，我们会努力争取在其保留的业务中占据更大份额；如果大客户战略调整，我们会积极配合并提供相应支持。

为降低对大客户的依赖，拓展中小客户市场，公司采取了一系列措施。首先，加强市场推广和销售团队建设，加大对中小客户的开发力度。其次，优化产品和服务，推出更适合中小客户需求的解决方案。此外，建立灵活的定价策略和合作模式，吸引中小客户合作。

大客户的信用状况普遍良好，付款周期通常在（数量）天左右，这对公司的现金流有一定积极影响。但我们也会加强信用管理，确保按时收款，维护良好的资金流动性。

总之，公司在重视与大客户合作的同时，也在积极采取措施降低依赖，拓展更广泛的客户群体，以实现业务的稳健和可持续发展。

第四篇
问道技术精髓

 十五   公司的技术实力和研发
能力如何？

- 公司拥有的专利是自主研发还是通过购买获得？专利的有效期和覆盖范围怎样？

- 公司的技术在行业内处于领先水平还是跟随状态？技术差距有多大？

- 技术壁垒是基于技术复杂度、专利保护还是其他因素？壁垒的坚固程度如何？

- 研发投入占营收的比例在行业中处于何种位置？是否持续增长？

- 研发团队的规模、学历结构和专业背景如何？是否有行业顶尖专家？

- 公司的研发流程和管理机制是否高效？如何评估研发项目的成功率？

📋 投资者的提问

当投资人提出一系列关于这方面的问题时，犹如为企业开启了一扇洞察自身核心能力的窗口，促使企业家们深入思

考，从而更好地引领企业前行。

"公司拥有的专利是自主研发还是通过购买获得？专利的有效期和覆盖范围怎样？"专利作为技术创新的重要成果和法律保护手段，其来源和属性对于评估公司的技术实力具有重要意义。

自主研发的专利往往反映了公司在技术创新方面的内生动力和研发能力。这意味着公司具备从基础研究到应用开发的全流程创新能力，能够针对市场需求和行业趋势独立开发出具有竞争力的技术解决方案。例如，一家在通信领域拥有自主研发专利的企业，能够在 5G 技术的标准制定和应用推广中占据主动地位。

而通过购买获得的专利，虽然也能在一定程度上补充公司的技术储备，但可能在技术的深度理解和后续创新上存在不足。此外，专利的有效期和覆盖范围直接影响其价值和保护力度。有效期较长、覆盖范围广泛的专利能够为公司提供更长期和更全面的市场竞争优势，有效阻止竞争对手的模仿和侵权。

"公司的技术在行业内处于领先水平还是跟随状态？技术差距有多大？"明确公司技术在行业中的地位是制定发展战略的基础。处于领先水平的技术使公司能够引领行业发展潮流，率先推出创新性的产品和服务，从而获得高额的利润和市场份额。

例如，在新能源汽车领域，拥有领先电池技术的企业能够大幅提高车辆的续航里程和安全性，吸引更多消费者，确立市场主导地位。然而，如果公司的技术处于跟随状态，就需要清晰地认识到与领先者的差距，并制定追赶策略。这可能包括加大研发投入、引进高端人才、开展战略合作等，以尽快缩小技术差距，避免在竞争中被淘汰。

"技术壁垒是基于技术复杂度、专利保护还是其他因素？壁垒的坚固程度如何？" 技术壁垒是公司保护自身技术优势和市场地位的重要防线。技术复杂度高、难以被模仿和复制的技术，如先进的半导体制造工艺或复杂的生物制药技术，能够为公司构建强大的竞争壁垒。

专利保护则通过法律手段阻止竞争对手的侵权行为，进一步巩固技术优势。此外，其他因素如品牌声誉、客户黏性、供应链整合能力等也可能形成一定的技术壁垒。评估技术壁垒的坚固程度对于预测公司未来的市场竞争力和赢利能力至关重要。如果技术壁垒脆弱，容易被突破，公司则需要不断创新和升级技术，以维持竞争优势。

"研发投入占营收的比例在行业中处于何种位置？是否持续增长？" 研发投入是衡量公司对技术创新重视程度和未来发展潜力的重要指标。较高的研发投入占比通常表明公司致力于技术研发和产品创新，有意愿和能力在技术领域保持领先地位。

例如，科技巨头们每年都会投入巨额资金用于研发新一代的技术和产品。同时，研发投入的持续增长态势也反映了公司对技术创新的长期承诺和战略眼光。如果研发投入占比过低或增长乏力，可能意味着公司在技术创新方面的投入不足，难以适应快速变化的市场需求和技术发展趋势。

"研发团队的规模、学历结构和专业背景如何？是否有行业顶尖专家？"优秀的研发团队是公司技术创新的核心力量。大规模的研发团队能够承担更多的研发任务，提高创新的效率和成功率。合理的学历结构和多样化的专业背景能够促进知识的交流与融合，激发创新思维。

行业顶尖专家的加盟不仅能够带来前沿的技术理念和丰富的经验，还能提升团队的整体技术水平和影响力。例如，一家在人工智能领域拥有由数学、计算机科学和工程学等多学科背景人才组成的研发团队，并聘请了知名的算法专家作为顾问的企业，在技术研发和产品应用方面往往更具竞争力。

"公司的研发流程和管理机制是否高效？如何评估研发项目的成功率？"高效的研发流程和科学的管理机制能够提高研发资源的利用效率，确保研发项目按时、高质量地完成。从项目的立项、研发、测试到推广应用，每个环节都需要合理的规划和有效的协调。

评估研发项目的成功率需要建立一套科学的指标体系，

包括技术指标、市场指标和财务指标等。通过对研发项目的定期评估和反馈，及时调整研发方向和资源配置，提高研发的成功率和投资回报率。

综上所述，投资人关于公司技术实力和研发能力的提问，对于企业和投资者都具有深远的意义。

从企业内部管理的角度来看，深入思考这些问题有助于企业明确技术发展方向，优化研发资源配置，提升团队素质和创新能力，促进企业建立健全的知识产权管理体系，加强技术保密和专利布局。同时，有助于完善研发流程和管理机制，提高研发效率和项目成功率。

在战略决策方面，对技术实力和研发能力的准确评估能够帮助企业制定符合自身特点和市场需求的技术创新战略。企业可以根据自身技术地位和发展潜力，选择领先创新、差异化创新或跟随模仿等策略，实现技术与市场的有效结合。

对于投资者而言，公司的技术实力和研发能力是评估其投资价值和风险的重要考量因素。一个具有强大技术实力和持续创新能力的企业，往往更有可能在激烈的市场竞争中脱颖而出，为投资者带来丰厚的回报。

因此，企业应当充分重视投资人的这些提问，将其作为推动技术创新和提升研发能力的重要动力。不断加大自主研发投入，培养和吸引优秀人才，加强技术合作与交流，提高技术创新水平。同时，加强与投资者的沟通，展示企业在技术研发方面的成果和规划，增强投资者的信心。

在未来的发展道路上，企业只有不断提升技术实力和研发能力，才能在科技日新月异的时代浪潮中勇立潮头，实现可持续的发展和价值创造。

👤 融资者的解答

公司拥有的专利部分是自主研发，部分是通过购买获得。自主研发的专利是公司技术创新的核心成果，而购买的专利则是对公司技术体系的有益补充。专利的有效期和覆盖范围因专利类型而异（具体列举一些重要专利的有效期和覆盖范围）。

在行业中，公司的技术处于领先水平。我们在（具体技术领域）拥有独特的创新成果，与竞争对手相比，技术差距体现在（具体的技术指标或应用效果方面的优势）。这种领先优势并非偶然，而是持续研发投入和创新的结果。

技术壁垒主要基于技术复杂度和专利保护。我们的技术具有较高的复杂度，需要深厚的专业知识和经验才能掌握和应用，这为潜在竞争对手设置了一定的进入门槛。同时，强大的专利保护体系进一步巩固了技术壁垒。目前，这一壁垒较为坚固，能够有效保护公司的技术优势。

研发投入占营收的比例在行业中处于上游位置，并且呈现持续增长的趋势。近年来，研发投入占比从（数量）％增长至（数量）％，未来我们还将继续加大投入，以保持技术领先地位。

公司的研发团队规模适中且不断壮大，目前拥有（数量）名专业人员。学历结构方面，本科及以上学历占比超过（数量）％，涵盖了多个相关专业领域。团队中也有在行业内具有丰富经验和较高知名度的顶尖专家，他们为研发工作提供了强大的技术指导和创新思路。

公司的研发流程和管理机制高效且科学。我们采用了先进的项目管理工具和方法，对研发项目进行全生命周期的管理。在项目启动前，进行充分的市场调研和技术可行性分析；项目执行过程中，严格监控进度和质量；项目结束后，进行全面的评估和总结。研发项目的成功率通过多个指标进行评估，包括按时完成率、技术指标达成率、市场应用效果等。我们会根据评估结果不断优化研发流程和管理机制，提高成功率。

公司的技术创新和产品
升级计划如何？

- 公司的技术创新是渐进式改进还是颠覆式创新？创新的频率如何？

- 未来产品升级的方向是基于市场需求还是技术推动？

- 产品升级计划的时间表和阶段性目标是否明确？

- 公司在技术创新和产品升级方面的资源投入预算是多少？

- 如何评估新产品或升级产品在市场上的接受度和竞争力？

- 公司是否与外部机构合作进行技术创新和产品升级？合作模式是怎样的？

👤 投资者的提问

当投资人提出关于公司技术创新和产品升级计划的一系列问题时，犹如为企业点亮了前行的明灯，引导其在创新的道路上稳健迈进。

"公司的技术创新是渐进式改进还是颠覆式创新？创新的频率如何？" 这一问题直接触及企业创新的模式和节奏。渐进式改进是在现有技术和产品基础上进行的逐步优化和完善，能够持续提升产品的性能和质量，满足市场的细微变化和客户不断提高的要求。

例如，一款智能手机通过不断提升摄像头像素、优化操作系统和增加新的功能应用，实现了产品的渐进式创新。这种创新方式风险相对较低，能够在保持现有市场份额的基础上逐步扩大优势。

而颠覆式创新则是对传统技术和产品的彻底突破，往往能够开创全新的市场和客户群体。比如，从传统燃油汽车到电动汽车的转变，就是一种颠覆式创新。然而，颠覆式创新伴随着较高的风险和不确定性，需要企业具备强大的研发实力、敏锐的市场洞察力和果敢的决策能力。

创新的频率也是衡量企业创新活力的重要指标。频繁的创新能够使企业始终保持在市场的前沿，吸引消费者的关注，但也对企业的资源和管理能力提出了更高的要求。

"未来产品升级的方向是基于市场需求还是技术推动？" 明确产品升级的方向来源对于企业的战略决策至关重要。基于市场需求的产品升级能够确保企业的产品始终与消费者的实际需求紧密结合，提高产品的市场适应性和竞争力。

企业通过深入的市场调研、客户反馈和趋势分析，了解消费者的痛点和期望，从而有针对性地对产品进行功能优化、性能提升和用户体验改进。例如，随着消费者对健康饮食的关注度不断提高，食品企业会推出低糖、低盐、有机的产品升级版本。

技术推动的产品升级则依靠企业对前沿技术的研究和应用，将新的技术成果转化为产品的优势和特色。这种方式能够使企业在技术领域保持领先地位，引领行业发展潮流。比如，在半导体行业，随着芯片制造工艺的不断进步，企业不断推出性能更强大、功耗更低的芯片产品。

然而，理想的产品升级方向往往是市场需求和技术推动的有机结合。只有这样，企业才能既满足当前市场的迫切需求，又为未来的发展奠定坚实的技术基础。

"产品升级计划的时间表和阶段性目标是否明确？"清晰的时间表和阶段性目标是产品升级计划得以有效执行的保障。明确的时间节点能够使企业合理安排研发资源、生产进度和市场推广活动，确保产品按时升级并推向市场。

阶段性目标的设定有助于企业对产品升级过程进行监控和评估，及时发现问题并进行调整。例如，一家医疗器械企业在研发新一代产品时，制定了详细的时间表，包括每个研发阶段的完成时间、临床试验的启动和结束时间以及产品上市的预计日期。同时，设定了阶段性的技术指标、性能标准和市场份额目标，以衡量产品升级的进展和效果。

如果时间表和阶段性目标不明确，企业可能会陷入无序的研发状态，导致项目拖延、资源浪费和市场机会的错失。

"**公司在技术创新和产品升级方面的资源投入预算是多少？**"充足的资源投入是技术创新和产品升级的物质基础。资源投入包括人力、物力、财力等多个方面。

企业需要根据产品升级的目标和难度，合理评估所需的研发人员数量和素质、实验设备和原材料的采购、研发费用和市场推广费用等。资源投入预算不仅要考虑当前的需求，还要为可能出现的风险和挑战预留一定的弹性空间。

如果资源投入不足，可能会导致研发进度受阻、产品质量无法保证或者市场推广效果不佳。相反，过度的资源投入则可能给企业带来沉重的财务负担，影响企业的整体运营和赢利能力。

"**如何评估新产品或升级产品在市场上的接受度和竞争力？**"有效的评估机制是企业了解产品市场表现的重要手段。在产品上市前，企业可以通过市场调研、用户测试、专家评估等方式，预测产品的潜在市场需求和竞争优势。

上市后，通过销售数据、客户反馈、市场份额变化、竞争对手的反应等多维度的信息，综合评估产品的实际接受度和竞争力。例如，通过分析产品的销售增长率、客户满意度评分、市场占有率的变化趋势等指标，判断产品是否达到预期目标，并据此调整后续的营销策略和产品改进方案。

"公司是否与外部机构合作进行技术创新和产品升级？合作模式是怎样的？"在当今开放创新的时代，与外部机构合作能够整合各方优势资源，加速创新进程。合作对象可以包括高校、科研院所、其他企业等。

合作模式多种多样，如产学研合作、技术转让、联合研发、战略联盟等。每种模式都有其特点和适用场景，企业需要根据自身的需求和资源状况选择合适的合作模式。

例如，一家制药企业与高校的科研团队开展联合研发项目，共同攻克新药研发的关键技术难题；一家电子企业通过战略联盟的方式与上下游企业合作，实现技术共享和产业链协同创新。

综上所述，投资人关于公司技术创新和产品升级计划的提问，对于企业和投资者都具有极其重要的意义。

从企业内部管理的角度来看，回答这些问题有助于企业制定科学合理的创新战略和产品升级计划，优化资源配置，提高创新效率和产品质量。促进企业建立完善的创新管理体系，加强内部沟通与协作，确保创新项目的顺利推进。

在市场营销方面，明确的创新和升级方向能够帮助企业更好地定位目标市场，制定精准的营销策略，提高产品的市场推广效果。

对于投资者而言，企业的技术创新能力和产品升级计划是评估其投资价值和未来发展潜力的重要依据。一个能够持续进行技术创新和产品升级的企业，往往更能在市场竞争中占据优势，为投资者带来可观的回报。

因此，企业应当高度重视投资人的这些提问，将其作为审视和改进自身创新策略的重要契机。不断加强技术研发投入，提升创新能力，优化产品升级计划，积极开展外部合作。同时，加强与投资者的沟通，展示企业在技术创新和产品升级方面的成果和规划，增强投资者的信心。

在未来的商业征程中，企业只有不断推动技术创新和产品升级，才能在激烈的市场竞争中立于不败之地，实现可持续的发展和价值创造。

融资者的解答

公司的技术创新采用渐进式改进与颠覆式创新相结合的方式。在现有产品和技术的基础上，我们会不断进行渐进式的优化和改进，以提高产品性能和质量。同时，也积极关注行业前沿技术和市场趋势，适时进行颠覆式创新，开拓新的市场空间。创新的频率根据市场需求和技术发展情况而定，通常每年都会有若干重要的创新举措。

未来产品升级的方向既基于市场需求，也受到技术推动。市场需求是我们的首要考虑因素，通过深入的市场调研和客户反馈，了解客户的痛点和期望，以此确定产品升级的重点方向。同时，密切跟踪新技术的发展，将有潜力的技术应用于产品升级，以提升产品的竞争力。

产品升级计划的时间表和阶段性目标非常明确。我们制订了详细的项目计划，每个升级项目都有具体的时间节点和可衡量的阶段性目标。例如，（具体产品）的升级计划预计在（时间区间1）内完成初步研发，在（时间区间2）内进行测试和优化，在（时间区间3）正式推向市场。每个阶段都设定了相关的技术指标和市场目标。

在技术创新和产品升级方面，公司的资源投入预算充足。每年会将（数量）%的营收投入到研发和创新活动中，用于人才招聘、设备购置、技术合作等方面。随着公司业务的发展，这一投入比例还将逐步提高。

评估新产品或升级产品在市场上的接受度和竞争力，我们采用多种方法。在产品研发阶段，进行小规模的市场测试和用户试用，收集反馈意见。产品推出后，密切关注市场销售数据、客户评价和竞争对手动态。同时，与专业的市场调研机构合作，定期开展市场调研，以全面了解产品在市场上的表现。

公司会与外部机构合作进行技术创新和产品升级。合作模式包括产学研合作、与供应商共同研发、与其他企业建立战略联盟等。例如，与（高校或科研机构名称）开展产学研合作，利用其科研优势攻克关键技术难题；与（供应商名称）共同研发新材料，提升产品性能。在合作过程中，明确各方的权利和义务，建立有效的沟通和协调机制，确保合作项目顺利推进。

十七 公司是否有持续的技术合作或合作伙伴关系？

- 合作方的技术实力和行业地位如何？对公司的技术提升有多大帮助？

- 技术合作的形式是联合研发、技术授权还是其他方式？合作协议的条款如何？

- 合作项目的成果归属和利益分配机制是怎样的？

- 合作伙伴关系的稳定性如何？是否有长期合作的计划和保障措施？

- 技术合作对公司市场拓展的具体作用体现在哪些方面？例如是否发展了新的市场渠道或客户群体？

- 公司如何管理和协调与合作伙伴的关系，以确保合作的顺利进行？

👤 投资者的提问

当投资人提出关于公司是否有持续的技术合作或合作伙伴关系的一系列问题时，无疑是在引导企业深入思考这一战略选择对其未来发展的深远意义。

"合作方的技术实力和行业地位如何？对公司的技术提升有多大帮助？"这一问题直指技术合作的核心价值。选择具有强大技术实力和卓越行业地位的合作伙伴，就如同站在巨人的肩膀上，能够为公司带来前沿的技术知识、先进的研发经验和广阔的技术视野。

例如，如果一家传统制造企业与行业内顶尖的科研机构合作，就有可能引入最先进的智能制造技术，提升生产效率和产品质量，实现技术的跨越式发展。反之，如果合作方技术实力薄弱，可能无法为公司的技术提升提供有效的支持，甚至会浪费公司的资源和时间。

"技术合作的形式是联合研发、技术授权还是其他方式？合作协议的条款如何？"不同的合作形式决定了双方在合作中的权利和义务，以及资源和利益的分配方式。联合研发能够充分整合双方的研发资源和人才优势，共同攻克技术难题，实现创新成果的共享。

技术授权则可以让公司快速获得所需的技术使用权，缩短产品研发周期。然而，无论哪种合作形式，合作协议的条款都至关重要。清晰、合理、公平的条款能够保障合作的顺利进行，避免潜在的纠纷和风险。

比如，在协议中明确知识产权的归属、技术成果的转化方式、保密条款、违约责任等，能够为双方的合作提供明确的规则和保障。

"合作项目的成果归属和利益分配机制是怎样的？"明确成果归属和利益分配是维持合作关系稳定和可持续的关键。合理的成果归属能够激励双方积极投入合作项目，充分发挥各自的优势。

而公平的利益分配机制则能够确保双方都能从合作中获得应有的回报，从而增强合作的动力和信心。例如，在合作项目中，如果成果主要由一方的技术贡献所产生，那么在成果归属上可以适当向其倾斜；在利益分配上，可以根据双方的投入比例、风险承担程度等因素进行综合考量。

"合作伙伴关系的稳定性如何？是否有长期合作的计划和保障措施？"稳定的合作伙伴关系是实现长期技术积累和持续创新的基础。评估合作伙伴关系的稳定性，需要考虑双方的战略契合度、沟通机制、互信程度等多个因素。

具有长期合作计划和保障措施的合作关系，能够让双方在技术研发、市场拓展等方面进行更深入、更长远的布局，共同应对市场变化和竞争挑战。比如，建立定期的沟通和协调机制、共同制定长期发展规划、设立风险应对基金等，都有助于增强合作伙伴关系的稳定性。

"技术合作对公司市场拓展的具体作用体现在哪些方面？例如是否发展了新的市场渠道或客户群体？"技术合作不仅能够提升公司的技术实力，还可能为市场拓展带来新的机遇。通过与合作伙伴的资源整合和优势互补，公司有可能进入新的地理区域，开拓新的行业领域，接触新的客户群体。

例如，一家软件公司与硬件制造商合作，共同开发一体化的解决方案，不仅能够扩大原有的市场份额，还能够吸引原本无法触及的客户群体，实现市场的拓展和业务的增长。

"**公司如何管理和协调与合作伙伴的关系，以确保合作的顺利进行？**"有效的管理和协调是技术合作成功的关键。这包括建立高效的沟通机制、明确双方的责任和分工、及时解决合作中出现的问题等。

例如，通过定期的会议、项目进度跟踪、建立专门的协调团队等方式，确保信息的畅通和工作的协同，及时化解合作中的矛盾和分歧，保障合作项目按计划推进。

综上所述，投资人关于公司是否有持续的技术合作或合作伙伴关系的提问，对于企业和投资者都具有极其重要的意义。

从企业内部管理的角度来看，深入思考这些问题有助于企业优化技术合作策略，提高合作项目的管理水平，增强技术创新能力和市场竞争力。同时，促进企业内部各部门之间的协同配合，形成统一的对外合作战略和执行体系。

在战略规划方面，对技术合作的全面评估能够帮助企业更好地整合外部资源，拓展发展空间，实现战略目标的快速推进。企业可以根据自身的发展需求和市场变化，灵活选择合作对象和合作方式，制定具有前瞻性和适应性的技术合作战略。

对于投资者而言，企业的技术合作情况是评估其未来发展潜力和投资价值的重要考量因素。一个拥有良好技术合作关系和有效合作管理机制的企业，往往能够在技术创新和市场拓展方面取得更好的成绩，为投资者带来更丰厚的回报。

因此，企业应当充分重视投资人的这些提问，将其作为反思和改进自身合作策略的重要依据。不断加强对技术合作的规划和管理，提升合作效果，积极与投资者沟通合作进展和成果，增强投资者的信心。

在未来的发展道路上，企业只有善于利用技术合作的力量，建立稳定、高效、互利的合作伙伴关系，才能在激烈的市场竞争中不断突破创新，实现可持续的发展和价值创造。

👤 融资者的解答

我们的合作方在技术实力和行业地位方面表现出色。例如，（合作方名称）是行业内的领军企业，在（相关技术领域）拥有深厚的技术积累和广泛的市场影响力。通过与他们的合作，对公司的技术提升带来了显著帮助，使我们能够在（具体技术方面）取得突破，缩短研发周期，提升产品竞争力。

技术合作的形式多种多样，包括联合研发、技术授权等。以（具体合作项目）为例，采用的是联合研发的方式，合作协议中明确了双方的权利和义务、项目的目标和里程碑、知识产权的归属等重要条款，保障了合作的顺利进行。

在合作项目的成果归属和利益分配机制上，我们根据合作的性质和双方的贡献进行了合理的安排。一般来说，知识产权归属根据双方在研发过程中的投入和贡献比例确定，利益分配则基于项目的商业成果和事先约定的分成比例。

合作伙伴关系具有较高的稳定性。我们与合作伙伴建立了长期互信的合作基础，并制订了长期合作的计划和保障措施。例如，定期的沟通机制、共同的发展规划以及在合作项目中的风险共担和利益共享，都有助于巩固合作关系。

技术合作对公司市场拓展起到了重要的推动作用。通过与合作伙伴的合作，我们成功打开了新的市场渠道，例如，借助（合作方的渠道资源）进入了（新的市场领域），同时也吸引了新的客户群体，尤其是那些对（合作技术应用相关）有需求的客户。

在管理和协调与合作伙伴的关系方面，我们建立了专门的团队负责沟通和协调工作。定期召开合作会议，及时解决合作过程中出现的问题。同时，通过建立有效的信息共享平台，确保双方在技术研发、市场推广等方面保持同步和协同，从而保障合作的顺利进行。

第五篇
问道商业妙理

公司的商业模式可持续性和可扩展性如何?

- 公司的赢利模式是否依赖于少数大客户或特定产品? 如果是,风险如何?

- 商业模式是否容易受到竞争对手的模仿或颠覆? 有何应对策略?

- 随着市场和技术的变化,公司商业模式的调整灵活性如何?

- 公司是否有计划拓展新的业务领域或市场,以增强商业模式的可扩展性?

- 公司的商业模式在不同地区或行业的适应性如何?

- 客户获取和留存成本在商业模式中的占比如何? 是否合理?

👤 投资者的提问

当投资人提出关于公司商业模式可持续性和可扩展性的一系列问题时,这无疑是在为企业敲响警钟,促使其深入思考，以更好地应对市场的风云变幻，实现长期稳定的发展。

"公司的赢利模式是否依赖于少数大客户或特定产品？如果是，风险如何？"这一问题直击企业赢利的核心结构。若公司的赢利过度依赖少数大客户，一旦这些大客户出现经营问题、转向其他供应商或者提出苛刻的合作条件，企业的收入将面临巨大冲击。

同样，依赖特定产品也存在风险。当市场需求发生变化、新技术涌现导致产品过时或者竞争对手推出更具吸引力的替代品时，企业可能会陷入困境。例如，一家主要为某几个大型电子企业供应特定零部件的公司，如果这些大客户减少订单或者寻找更低价的供应商，该公司的销售额和利润可能会急剧下降。

因此，企业需要认真评估这种依赖所带来的风险，并思考如何通过拓展客户群体、丰富产品线等方式来降低风险，增强赢利的稳定性。

"商业模式是否容易受到竞争对手的模仿或颠覆？有何应对策略？"在竞争激烈的市场中，独特的商业模式是企业的竞争优势，但也容易成为竞争对手觊觎的目标。如果商业模式容易被模仿，企业可能很快失去市场份额和利润空间。

例如，一家创新型的共享经济企业，如果其运营模式没有足够的技术壁垒或知识产权保护，很容易被其他企业复制，从而导致市场竞争加剧，利润被摊薄。为了应对这一挑战，企业需要不断创新，提升技术门槛，建立品牌忠诚度，或者通过快速扩大市场规模形成网络效应，让竞争对手难以轻易模仿和超越。

"随着市场和技术的变化，公司商业模式的调整灵活性如何？"市场和技术的变化如同潮汐，不断冲击着企业的商业模式。一个僵化的商业模式可能无法适应这些变化，从而被淘汰出局。

而具有高度灵活性的企业能够迅速调整战略、产品服务、运营流程甚至赢利方式，以顺应市场潮流。比如，在互联网时代，许多传统零售企业能够及时转型为线上线下融合的商业模式，从而在电子商务的冲击下得以生存和发展。

企业应该定期评估自身商业模式的灵活性，建立有效的市场监测和决策机制，以便在变化来临时能够迅速做出反应。

"公司是否有计划拓展新的业务领域或市场，以增强商业模式的可扩展性？"企业的发展如同树木的生长，需要不断拓展新的枝丫和根系。拓展新的业务领域或市场可以为企业带来新的增长机会，丰富收入来源，增强商业模式的可扩展性。

例如，一家专注于国内市场的软件企业，可以考虑进军国际市场，或者从单一的办公软件拓展到云计算、人工智能等相关领域。但在拓展过程中，企业需要充分评估自身的资源和能力，制定合理的战略规划，避免盲目扩张导致资源分散和经营风险。

"公司的商业模式在不同地区或行业的适应性如何？"不同的地区和行业具有独特的市场环境、消费习惯、法规政策和竞争态势。企业的商业模式在一个地区或行业成功，并不意味着在其他地方也能同样适用。

比如，一种在发达国家行之有效的电子商务模式，在发展中国家可能因为基础设施不完善、消费观念差异等因素而遭遇挫折。企业需要深入了解不同地区和行业的特点，对商业模式进行适当的调整和优化，以提高其适应性和竞争力。

"客户获取和留存成本在商业模式中的占比如何？是否合理？"客户是企业的生命之源，而获取和留存客户的成本直接影响着企业的赢利能力。如果获取新客户的成本过高，而客户的生命周期价值不足以覆盖成本，企业将陷入亏损的困境。

同样，如果留存客户的成本过高，说明企业的产品或服务可能存在问题，或者客户关系管理不够有效。例如，一家互联网金融企业，如果为了吸引新客户而投入大量的营销费用，但客户在短期内又大量流失，那么企业的经营将难以持续。

企业需要通过优化营销渠道、提高产品服务质量、加强

客户关系管理等方式，降低客户获取和留存成本，提高其在
商业模式中的合理性和效益。

综上所述，投资人关于公司商业模式是否可持续和可扩
展性的提问，对于企业和投资者都具有至关重要的意义。

从企业内部管理的角度来看，回答这些问题有助于企业
深入剖析自身的商业模式，发现潜在的问题和风险，制定科
学合理的发展策略。这能够促进各部门之间的协同合作，共
同为优化商业模式而努力。同时，有助于企业建立风险管理
体系，提高应对市场变化的能力。

在战略规划方面，对商业模式的评估能够帮助企业明确
发展方向，合理配置资源，制定切实可行的战略目标。企业
可以根据商业模式的特点和市场需求，选择差异化竞争、成
本领先或者集中化战略等，以实现可持续发展。

对于投资者而言，商业模式的可持续性和可扩展性是
评估企业投资价值的重要因素。一个具有良好商业模式的企
业，能够在市场竞争中脱颖而出，为投资者带来稳定的回报
和长期的增值。

因此，企业应当高度重视投资人的这些提问，将其作
为改进和完善商业模式的重要契机。不断创新和优化商业模
式，提高赢利能力和增长潜力。同时，加强与投资者的沟
通，展示企业在商业模式方面的优势和发展前景，增强投资

者的信心。

在未来的商业征程中，企业只有拥有可持续和可扩展的商业模式，才能在激烈的市场竞争中立于不败之地，实现长期稳定的发展，为股东和社会创造更大的价值。

融资者的解答

公司的赢利模式并非依赖于少数大客户或特定产品。我们的收入来源多元化，包括（列举不同的客户群体和产品类别）。虽然某些大客户或产品在当前贡献了较为显著的收入，但这并不构成依赖。我们通过不断优化客户结构和产品组合，降低了潜在风险。即使失去个别大客户或特定产品的业务，也不会对公司整体盈利造成重大冲击。

我们的商业模式具有一定的独特性和竞争优势，不容易被竞争对手轻易模仿或颠覆。关键的竞争壁垒包括（列举如技术专利、品牌影响力、供应链优势等）。为应对潜在的模仿或颠覆，我们持续创新，不断提升产品和服务质量，加强与客户的紧密合作关系，并密切关注市场动态，及时调整策略。

随着市场和技术的变化，公司商业模式具备较高的调整灵活性。我们建立了灵活的组织架构和决策机制，能够快速响应市场变化。例如，在（举例说明应对市场或技术变化的成功调整案例）中，我们迅速调整了业务重点和运营方式，保持了竞争力。

公司有明确的计划拓展新的业务领域或市场，以增强商业模式的可扩展性。目前正在研究（列举新的业务领域或市场）的可行性，并制定了相应的战略规划。例如，计划在（具体时间）进入（新领域或新市场），通过（阐述进入的方式和预期的收益）来实现业务的扩张。

公司的商业模式在不同地区或行业具有较好的适应性。我们在设计商业模式时充分考虑了地区和行业的差异，通过灵活的配置和定制化服务，能够满足不同市场和行业的需求。例如，在（不同地区或行业的应用案例）中，我们根据当地的特点进行了针对性的调整，取得了良好的效果。

在客户获取和留存成本方面，经过详细的分析和核算，其在商业模式中的占比是合理的。我们采取了多种有效的营销策略和客户服务措施来控制成本，同时提高客户的满意度和忠诚度。例如，在客户获取方面，通过精准的市场定位和营销活动，提高了获客效率；在客户留存方面，通过优质的产品和服务，降低了客户流失率。

 十九　公司的运营效率和成本控制如何？

- 生产环节的自动化程度和生产周期如何？是否有优化空间？

- 采购成本是否合理？供应商的谈判能力和供应稳定性如何？

- 供应链的物流效率和库存管理水平怎样？是否存在积压或缺货现象？

- 公司的运营流程是否烦琐，是否存在精简和优化的可能性？

- 间接成本（如管理费用、销售费用）的控制措施是否有效？

- 如何衡量和评估运营效率的提升效果？

投资者的提问

当投资人提出关于公司运营效率和成本控制的一系列问题时，这不仅是对企业经营状况的关切，更是为企业提供了审视自身、寻求突破的重要契机。

"**生产环节的自动化程度和生产周期如何？是否有优化空间？**"生产环节是企业创造价值的核心部分，其自动化程度和生产周期的长短直接关系到产品的质量、产量以及成本。

较高的自动化程度能够提高生产效率、降低人工成本，并确保产品质量的稳定性。然而，如果企业的自动化程度较低，可能会面临生产效率低下、人工成本高昂以及质量波动等问题。

生产周期的长短则影响着企业对市场需求的响应速度。过长的生产周期可能导致企业错过市场机会，增加库存成本；过短的生产周期则可能影响产品质量或者增加生产成本。

例如，一家汽车制造企业，如果其生产线的自动化程度不高，生产一辆汽车需要较长时间，那么在市场需求旺盛时，企业可能无法及时交付产品，从而失去市场份额。反之，如果能够通过引入先进的自动化设备和技术，优化生产流程，缩短生产周期，就能够更快地满足客户需求，提高市场竞争力。

"**采购成本是否合理？供应商的谈判能力和供应稳定性如何？**"采购成本在企业总成本中往往占据较大比重，其合理性直接影响企业的利润水平。

如果采购成本过高，可能会压缩企业的利润空间；如果采购成本过低，又可能会影响原材料或零部件的质量，进而影响产品质量和企业声誉。

供应商的谈判能力和供应稳定性也是至关重要的因素。具有较强谈判能力的供应商可能会在价格、付款条件等方面占据优势，给企业带来成本压力。而供应不稳定的供应商可能会导致企业生产中断、交付延迟等问题。

比如，一家电子设备制造企业，如果其关键零部件的供应商具有很强的谈判能力，提高了零部件价格，那么企业的生产成本就会大幅增加。若供应商突然出现供应问题，企业的生产线可能会被迫停产，造成巨大损失。

因此，企业需要不断优化采购策略，与供应商建立良好的合作关系，确保采购成本合理，供应稳定。

"供应链的物流效率和库存管理水平怎样？是否存在积压或缺货现象？"高效的供应链物流和精准的库存管理是企业实现运营顺畅的关键。

物流效率低下会导致运输成本增加、交货延迟，影响客户满意度。库存管理不善则可能出现库存积压，占用大量资金，增加仓储成本；或者库存缺货，导致销售机会流失。

例如，一家零售企业，如果物流配送不及时，商品不能按时到达门店，会影响顾客的购物体验。如果库存管理混乱，某些商品积压过多，而热门商品却经常缺货，不仅会影响销售业绩，还会增加运营成本。

企业需要通过优化物流路线、采用先进的库存管理系统等手段，提高物流效率，实现库存的精准控制。

"公司的运营流程是否烦琐，是否存在精简和优化的可能性？"烦琐的运营流程会降低工作效率，增加沟通成本，延误决策时间，影响企业的整体运营效果。

例如，一项业务需要经过多个部门的层层审批，每个部门都有烦琐的手续和流程，这不仅会耗费大量时间和精力，还可能导致错失市场机会。

企业应该定期对运营流程进行评估，去除不必要的环节，简化流程，提高工作效率和决策速度。

"间接成本（如管理费用、销售费用）的控制措施是否有效？"间接成本虽然不直接与产品生产相关，但对企业的赢利能力也有着重要影响。

管理费用过高可能意味着企业的管理架构臃肿、管理效率低下；销售费用中的不合理支出可能导致营销效果不佳，资源浪费。

企业需要建立有效的费用控制机制，对间接成本进行精细化管理，确保每一笔支出都能带来相应的价值。

"如何衡量和评估运营效率的提升效果？"明确的衡量和评估标准是企业持续改进运营效率的重要依据。

企业可以通过设定一系列指标，如生产周期缩短率、库存周转率、成本降低率、客户满意度提升等，来定量和定性地评估运营效率的提升效果。

通过定期对比分析这些指标，企业能够及时发现问题，调整策略，不断推动运营效率的提高。

综上所述，投资人关于公司运营效率和成本控制的提问，对于企业和投资者都具有极其重要的意义。

从企业内部管理的角度来看，回答这些问题有助于企业发现运营中的瓶颈和问题，优化资源配置，提高生产效率，降低成本，增强企业的竞争力。

在战略决策方面，对运营效率和成本控制的深入分析能够帮助企业制定更具针对性的战略，如通过提高运营效率实现差异化竞争，或者通过成本控制获得价格优势。

对于投资者而言，企业的运营效率和成本控制能力是评估其投资价值和风险的重要指标。一个能够高效运营、有效控制成本的企业，往往能够在市场竞争中脱颖而出，为投资者带来丰厚的回报。

因此，企业应当充分重视投资人的这些提问，将其作为改进自身运营管理的重要动力。不断加强对生产、采购、供应链等环节的管理，优化运营流程，建立完善的成本控制体系。同时，加强与投资者的沟通，展示企业在运营效率和成本控制方面的努力和成果，增强投资者的信心。

在未来的商业竞争中，企业只有不断提高运营效率，严格控制成本，才能在市场的风浪中稳健前行，实现可持续的发展和价值创造。

👤 融资者的解答

在生产环节，我们的自动化程度处于（具体水平），生产周期为（平均时长）。虽然目前的状况能够满足当前的生产需求，但仍有一定的优化空间。例如，我们正在评估引入更先进的自动化设备和技术，以进一步提高生产效率，缩短生产周期。

采购成本方面，经过严格的市场调研和成本分析，我们认为当前的采购成本是合理的。在与供应商的谈判中，我们凭借（列举自身优势，如采购规模、长期合作关系等）保持了一定的话语权，同时供应商的供应稳定性良好，我们建立了完善的供应商评估和管理机制，以确保原材料的稳定供应。

供应链的物流效率较高，通过与优质物流合作伙伴的合作，能够及时将产品送达客户手中。库存管理方面，我们采用了先进的库存管理系统，实时监控库存水平，目前基本不存在积压或缺货现象。但我们仍在不断改进和优化库存管理策略，以进一步降低库存成本。

公司的运营流程经过了多次梳理和优化，但仍存在进一步精简的可能性。我们定期对运营流程进行评估，识别烦琐和低效的环节，并通过信息化手段和流程再造来提高效率。

对于间接成本，如管理费用和销售费用，我们采取了一系列有效的控制措施。在管理费用方面，严格控制办公费用、差旅费等支出；在销售费用方面，优化市场推广策略，提高营销活动的针对性和效果。这些措施的实施取得了显著的成效。

为了衡量和评估运营效率的提升效果，我们设定了一系列关键指标，如单位产品生产时间、库存周转率、运营成本占比等。定期对这些指标进行监测和分析，与行业标杆企业进行对比，以准确评估运营效率的提升情况，并据此调整优化策略。

公司的生产能力和质量控制如何？

- 生产设施的先进程度和维护状况如何？是否需要大规模更新换代？

- 工艺流程是否需要标准化和优化？是否存在质量隐患？

- 质量控制团队的专业水平和检测设备是否满足要求？

- 产品的合格率和次品率分别是多少？与行业标准相比如何？

- 公司如何处理质量投诉和召回事件？

- 生产能力是否能够满足市场需求的快速增长？是否有扩产计划？

👤 投资者的提问

当投资人提出关于公司生产能力和质量控制的一系列问题时，这无疑是在为企业敲响警钟，促使企业家们深入思考，从而更好地管理和运营企业。

"生产设施的先进程度和维护状况如何？是否需要大规

模更新换代？"生产设施是企业进行生产活动的物质基础，其先进程度直接影响着生产效率和产品质量。

先进的生产设施能够提高生产的自动化水平、精度和速度，降低人工成本和误差率。然而，如果生产设施陈旧、落后，不仅会导致生产效率低下，还可能无法满足市场对产品质量和规格的要求。

同时，设施的维护状况也至关重要。良好的维护能够延长设备的使用寿命，确保其稳定运行，减少故障和停机时间。但如果忽视维护，设备容易出现故障，不仅影响正常生产，还可能导致维修成本的增加。

例如，一家制造业企业，如果其生产设备老化，技术性能落后，而且缺乏定期的维护和保养，那么在面对市场对产品高质量、多样化的需求时，就会显得力不从心，可能会失去市场竞争力。

"工艺流程是否需要标准化和优化？是否存在质量隐患？"标准化和优化的工艺流程是保证产品质量一致性和稳定性的关键。

标准化的工艺流程能够确保每个生产环节都按照既定的规范和标准进行操作，减少人为因素的干扰，提高产品质量的可控性。而优化过的工艺流程则能够消除不必要的环节，降低生产成本，提高生产效率。

然而，如果工艺流程存在缺陷或未得到有效执行，就可能会导致质量隐患。例如，某个环节的操作不规范可能会影响产品的性能和安全性；流程中的衔接不畅可能会导致生产延误和资源浪费。

"**质量控制团队的专业水平和检测设备是否满足要求？**"质量控制团队是产品质量的守护者，其专业水平和检测设备的先进程度直接关系到质量控制的效果。

专业水平高的质量控制人员能够准确识别和解决质量问题，制订科学合理的质量控制方案。先进的检测设备能够更精确地检测出产品的缺陷和问题，提高质量检测的准确性和可靠性。

相反，如果质量控制团队专业水平不足，检测设备落后，就可能无法及时发现质量问题，导致不合格产品流入市场，损害企业的声誉和客户的信任。

"**产品的合格率和次品率分别是多少？与行业标准相比如何？**"产品的合格率和次品率是衡量企业生产质量的直观指标。

高合格率意味着企业能够以较少的资源投入生产出更多符合质量要求的产品，降低生产成本，提高客户满意度。低次品率则表明企业的生产过程稳定可靠，质量控制有效。

与行业标准相比，企业的合格率和次品率能够反映出其在行业中的质量水平。如果高于行业标准，说明企业在质量方面具有竞争优势；如果低于行业标准，企业则需要认真反思并采取改进措施。

"公司如何处理质量投诉和召回事件？"质量投诉和召回事件是对企业质量控制体系的严峻考验。

当面对质量投诉时，企业的处理态度和方式直接影响客户的满意度和忠诚度。及时、诚恳地解决客户的问题，能够挽回客户的信任，避免负面口碑的传播。

而召回事件则需要企业具备迅速、有效的应对机制，及时召回问题产品，分析原因，采取整改措施，防止类似问题再次发生。同时，企业还需要通过透明的信息披露，向公众展示其对质量问题的重视和解决问题的决心。

"生产能力是否能够满足市场需求的快速增长？是否有扩产计划？"生产能力与市场需求的匹配程度关系到企业的市场份额和经济效益。

如果生产能力不足，无法满足市场需求的快速增长，企业可能会失去宝贵的市场机会，让竞争对手抢占先机。相反，如果生产能力过剩，又会造成资源的闲置和浪费。

因此，企业需要对市场需求进行准确预测，并根据自身的发展战略制订合理的扩产计划。在扩产过程中，要充分考虑资金、技术、人力等因素，确保扩产的顺利进行和新产能的有效利用。

综上所述，投资人关于公司生产能力和质量控制的提问，对于企业和投资者都具有极其重要的意义。

从企业内部管理的角度来看，深入思考这些问题有助于企业发现生产和质量控制方面的不足，加强对生产设施的管理和维护，优化工艺流程，提升质量控制团队的能力，完善质量保证体系。同时，能够促使企业合理规划生产能力，提高资源利用效率，降低生产成本，增强市场竞争力。

在战略规划方面，对生产能力和质量控制的清晰认识能够帮助企业制定符合市场需求和自身实际情况的发展战略。企业可以根据市场变化及时调整生产策略，通过技术创新和管理改进提高生产效率和产品质量，实现可持续发展。

对于投资者而言，企业的生产能力和质量控制水平是评估其投资价值和风险的重要依据。一个拥有先进生产设施、完善工艺流程、严格质量控制体系和合理生产能力规划的企业，往往能够在市场竞争中立足，为投资者带来稳定的回报。

因此，企业应当高度重视投资人的这些提问，将其作为改进和完善自身生产管理和质量控制的重要契机。不断加大对生产和质量控制的投入，提升生产技术水平，加强人员培训和管理，建立健全质量管理制度。同时，加强与投资者的沟通，展示企业在生产和质量方面的优势和改进措施，增强投资者的信心。

在未来的发展道路上，企业只有不断提升生产能力，严格把控质量关，才能在激烈的市场竞争中立于不败之地，实现长期稳定的发展，为社会创造更多的价值。

👤 融资者的解答

我们的生产设施具有一定的先进性，并且一直保持着良好的维护状况。目前，大部分生产设施能够满足现有生产需求，但为了适应未来业务的发展，可能会在（预计时间）进行部分关键设备的更新换代，以提升生产效率和产品质量。

工艺流程实现了标准化，并不断进行优化。我们定期对工艺流程进行评估和改进，以消除潜在的质量隐患。同时，通过引入先进的生产管理系统，对生产过程进行实时监控和数据分析，确保产品质量的稳定性。

质量控制团队具备较高的专业水平，成员均拥有丰富的行业经验和专业知识。检测设备也能够满足当前的质量检测要求，并且会根据业务发展和技术进步适时更新和升级。

产品的合格率达到了 $X\%$（具体合格率数值），次品率控制在 $X\%$（具体次品率数值）以内。与行业标准相比，我们的合格率处于行业上游水平，次品率低于行业平均水平。

在面对质量投诉时，我们建立了快速响应机制。一旦收到投诉，会立即启动调查程序，由专门的质量小组负责追溯问题根源，并采取相应的改进措施。对于召回事件，我们会严格按照相关法律法规和公司制定的召回流程，及时通知客户，回收问题产品，并给予合理的解决方案。

公司的现有生产能力能够满足当前市场需求，但为了应对市场需求的快速增长，我们已经制订了扩产计划。计划在（具体地点）新建生产基地或对现有生产线进行升级改造，预计在（预计完成时间）完成扩产，以确保能够及时满足市场的增量需求。

公司的供应链和合作伙伴
关系是否稳定?

- 主要供应商的数量和集中度如何？是否过度依赖少数供应商？
- 与供应商的合作历史和合作满意度如何？
- 供应商的财务状况和生产能力是否稳定？
- 合作伙伴关系是否有长期合同或战略合作协议保障？
- 在供应链中，公司的议价能力如何？
- 如何应对供应商或合作伙伴可能出现的经营风险或合作纠纷？

💼 投资者的提问

当投资人提出关于公司供应链和合作伙伴关系是否稳定的一系列问题时，这无疑是在为企业的发展道路点亮警示灯，促使企业家们深度思考，从而更好地引领企业走向成功。

"主要供应商的数量和集中度如何？是否过度依赖少数

供应商？" 供应商的数量和集中度是衡量企业供应链风险的重要指标。

如果企业的主要供应商数量较少且集中度高，过度依赖少数几家供应商，那么一旦这些关键供应商出现问题，如生产中断、质量问题、提价等，企业的生产和运营将受到严重冲击。

例如，一家电子制造企业的核心零部件主要由两三家供应商提供，若其中一家供应商因自然灾害或内部管理问题无法按时供货，企业的生产线可能会被迫停滞，导致产品交付延迟，客户满意度下降，甚至可能失去重要订单。

相反，如果企业拥有众多的供应商，且供应来源相对分散，那么企业在面对个别供应商的变动时，就能够更灵活地调整采购策略，降低供应中断的风险。

"与供应商的合作历史和合作满意度如何？" 合作历史反映了双方在长期合作过程中积累的经验和信任，而合作满意度则是对双方合作效果的直接评价。

一段良好的合作历史通常意味着双方在价格、质量、交货期等方面能够保持较好的协调和配合，形成了相对稳定的合作模式。高合作满意度则表明双方在合作中能够实现互利共赢，共同应对各种挑战。

然而，如果合作历史中存在频繁的纠纷、违约等问题，或者合作满意度较低，这可能预示着双方在合作理念、沟通方式、利益分配等方面存在深层次的矛盾，需要企业及时采取措施加以解决，否则可能会影响未来的合作关系。

"供应商的财务状况和生产能力是否稳定？"供应商的财务健康状况直接关系到其持续经营的能力。

如果供应商面临财务困境，可能会削减研发投入、降低产品质量、减少生产规模，甚至可能破产倒闭，从而无法为企业提供稳定的产品和服务。

同样，供应商的生产能力也是影响供应稳定性的重要因素。如果供应商的生产能力有限，无法满足企业日益增长的需求，或者生产设备老化、技术落后，难以保证产品质量和交货期，这也会给企业的供应链带来不确定性。

"合作伙伴关系是否有长期合同或战略合作协议保障？"长期合同和战略合作协议能够为双方的合作提供明确的法律约束和预期，增强合作的稳定性和可持续性。

通过签订长期合同，企业可以锁定供应价格、数量、质量标准等关键条款，降低市场波动带来的风险。战略合作协议则更进一步，双方可以在技术研发、市场拓展、资源共享等方面开展深度合作，实现优势互补，共同应对竞争压力。

但如果企业与供应商或合作伙伴之间缺乏这样的保障机制，合作关系可能会受到市场短期因素的干扰，容易出现波动和不确定性。

"在供应链中，公司的议价能力如何？"议价能力是企业在供应链中获取有利采购条件和价格的关键能力。

如果企业在供应链中具有较强的议价能力，能够与供应商在价格、交货期、质量标准等方面进行有利的谈判，就可以降低采购成本，提高利润空间，增强企业的竞争力。

相反，如果企业的议价能力较弱，可能会在采购环节处于被动地位，接受较高的价格和不利的条款，从而压缩企业的利润，影响企业的赢利能力和市场竞争力。

"如何应对供应商或合作伙伴可能出现的经营风险或合作纠纷？" 尽管企业努力维护稳定的合作关系，但供应商或合作伙伴出现经营风险或合作纠纷在所难免。

因此，企业需要提前制订应对预案，建立风险预警机制，及时发现潜在问题，并采取有效的措施加以解决。这可能包括寻找替代供应商、通过法律手段维护自身权益、加强沟通协商寻求解决方案等。

综上所述，投资人关于公司供应链和合作伙伴关系是否稳定的提问，对于企业和投资者都具有至关重要的意义。

从企业内部管理的角度来看，回答这些问题有助于企业评估供应链的风险，优化供应商管理策略，加强与供应商和合作伙伴的沟通与协作，提高供应链的透明度和可控性。

在战略决策方面，对供应链和合作伙伴关系的深入分析能够帮助企业制定更具弹性和适应性的采购战略，合理配置资源，降低成本，提高运营效率。

对于投资者而言，稳定的供应链和良好的合作伙伴关系是企业持续稳定发展的重要保障。一个能够有效管理供应链风险、建立稳固合作关系的企业，往往更能抵御市场波动，为投资者带来可靠的回报。

因此，企业应当充分重视投资人的这些提问，将其作为优化供应链管理和合作伙伴关系的重要契机。不断拓展供应商资源，优化供应商结构，加强与供应商的战略合作，提升自身的议价能力。同时，建立健全风险防范机制，提高应对突发事件的能力。

在未来的商业征程中，企业只有打造稳定可靠的供应链，构建和谐共赢的合作伙伴关系，才能在激烈的市场竞争中屹立不倒，实现可持续的发展和价值创造。

🧑‍💼 融资者的解答

公司的主要供应商数量为（具体数量），集中度处于合理范围，不存在过度依赖少数供应商的情况。我们积极拓展供应商资源，以确保供应的多样性和稳定性。

与供应商有着长期且良好的合作历史。通过多年的合作，合作满意度较高。我们相互信任、支持，共同应对市场的变化和挑战。

供应商的财务状况和生产能力相对稳定。我们会定期对供应商进行评估和审查，包括财务状况的分析和生产能力的实地考察，以确保其能够持续稳定地提供优质的原材料和服务。

合作伙伴关系大多有长期合同或战略合作协议作为保障。这些合同和协议明确了双方的权利和义务、合作的期限和条件等重要事项，为合作的稳定性提供了法律和制度保障。

在供应链中，公司具有一定的议价能力。这得益于我们的采购规模、良好的信誉以及与供应商的长期合作关系。但我们也注重与供应商保持互利共赢的合作原则，共同协商合理的价格和条款。

对于供应商或合作伙伴可能出现的经营风险或合作纠纷，我们建立了完善的风险预警机制和应对预案。一旦发现潜在风险，会及时与对方沟通协调，共同寻找解决方案。如果出现合作纠纷，我们首先会依据合同和相关法律法规，通过友好协商的方式解决。若协商不成，会寻求第三方调解或通过法律途径解决，以维护公司的合法权益。

第六篇
问道避险要诀

问道 二十二　公司面临的主要风险因素有哪些?

- 市场风险方面,市场需求的不确定性、市场份额的波动风险有多大?

- 竞争风险方面,新竞争对手的进入威胁、竞争对手的价格战策略对公司的影响如何?

- 技术风险方面,技术更新换代的速度、技术研发失败的可能性有多大?

- 财务风险方面,资金链断裂的风险、债务违约的风险有多高?

- 经营风险方面,原材料供应中断、生产事故、重大客户流失等风险发生的可能性和影响程度如何?

- 政策风险方面,行业政策的调整、税收政策的变化对公司的影响怎样?

👤 投资者的提问

当投资人提出关于公司面临的主要风险因素的一系列问题时,这不仅是对企业生存能力的关切,更是为企业敲响了警钟，促使企业家们深入思考，未雨绸缪，以更好地应对潜在的危机，实现可持续发展。

"市场风险方面，市场需求的不确定性、市场份额的波动风险有多大？" 市场是企业生存和发展的土壤，而市场需求的变化莫测和市场份额的起伏不定是企业面临的首要风险之一。

市场需求的不确定性可能源于经济形势的波动、消费者偏好的转变、新兴技术的冲击等多种因素。如果企业不能准确预测和及时适应市场需求的变化，可能会导致产品滞销、库存积压，进而影响企业的资金周转和赢利能力。

例如，随着智能手机的普及，传统功能手机的市场需求急剧下降，如果相关企业未能及时转型，就会面临被市场淘汰的风险。

市场份额的波动则反映了企业在市场竞争中的地位和竞争力的变化。竞争对手的新产品推出、价格策略调整、营销手段创新等都可能导致公司市场份额的下降。若企业不能有效应对，可能会失去市场主导地位，影响企业的长期发展。

"竞争风险方面，新竞争对手的进入威胁、竞争对手的价格战策略对公司的影响如何？" 在激烈的市场竞争中，新竞争对手的涌入和现有竞争对手的策略调整都可能给企业带来巨大的压力。

新竞争对手的进入，尤其是具有强大实力和创新能力的新玩家，可能会分割市场份额，加剧竞争程度。他们可能带来新的技术、商业模式或更低的成本结构，对现有企业构成威胁。

例如，在网约车市场，新的竞争者凭借独特的服务模式和优惠政策，迅速抢占了一定的市场份额。

竞争对手的价格战策略更是直接影响企业的利润空间。如果企业被迫参与价格战，可能会导致利润大幅下降；如果不参与，又可能会失去价格敏感型客户。因此，企业需要制定合理的竞争策略，既要应对价格竞争，又要注重产品差异化和服务质量的提升。

"技术风险方面，技术更新换代的速度、技术研发失败的可能性有多大？"在科技飞速发展的今天，技术创新是企业发展的动力，但同时也伴随着风险。

技术更新换代的速度越来越快，如果企业不能跟上技术进步的步伐，现有的技术和产品可能很快被淘汰。例如，在半导体行业，芯片制造工艺不断升级，如果企业不能及时投入研发，跟上先进制程，就会在市场竞争中处于劣势。

技术研发是一项高风险的活动，存在失败的可能性。研发投入巨大但未能取得预期成果，不仅会浪费企业的资源，还可能错过市场机会。因此，企业在进行技术研发时，需要充分评估风险，合理配置资源，提高研发成功率。

"财务风险方面，资金链断裂的风险、债务违约的风险有多高？"财务状况是企业的命脉，资金链的稳定和债务的合理管理至关重要。

资金链断裂可能是由于企业过度扩张、应收账款回收困难、融资渠道不畅等原因导致。一旦资金链断裂，企业将无法正常运营，甚至面临破产的危机。

债务违约则会严重损害企业的信用评级，增加融资成本，进一步加剧财务困境。例如，一些企业由于盲目举债扩张，当市场环境恶化时，无法按时偿还债务，导致企业陷入绝境。

"经营风险方面，原材料供应中断、生产事故、重大客户流失等风险发生的可能性和影响程度如何？"企业的日常经营活动中也存在着各种潜在风险。

原材料供应中断可能会导致生产停滞，影响产品交付，给企业带来经济损失和声誉损害。生产事故不仅会造成人员伤亡和财产损失，还可能导致企业面临法律责任和监管处罚。

重大客户的流失则会对企业的销售额和利润产生直接影响，如果客户集中度过高，这种影响可能会更加严重。

"政策风险方面，行业政策的调整、税收政策的变化对公司的影响怎样？"政策环境的变化对企业的发展有着重要的影响。

行业政策的调整，如准入门槛的提高、监管要求的加强等，可能会改变企业的经营模式和竞争格局。税收政策的变化，如税率的调整、税收优惠的取消等，会直接影响企业的成本和利润。

例如，环保政策的加强可能会促使高污染企业加大环保投入，增加运营成本；而税收优惠政策的变化可能会影响企业的投资决策和利润水平。

综上所述，投资人关于公司面临的主要风险因素的提问，对于企业和投资者都具有极其重要的意义。

从企业内部管理的角度来看，深入思考这些问题有助于企业建立完善的风险管理体系，识别、评估和应对各种风险。企业可以通过市场调研、竞争分析、技术监测、财务规划、供应链管理等手段，提前预警风险，制定应对策略，降低风险的发生概率和影响程度。

在战略规划方面，对风险因素的全面评估能够帮助企业制定更加稳健和灵活的发展战略。企业可以根据风险状况调整业务布局、优化产品结构、合理配置资源，增强企业的抗风险能力和适应能力。

对于投资者而言，企业面临的风险状况是评估投资安全性和收益性的重要依据。一个能够有效管理风险、保持稳定发展的企业，更能吸引投资者的长期关注和支持。

因此，企业应当高度重视投资人的这些提问，将风险管理纳入企业的核心管理范畴。加强风险意识教育，培养全员风险管理的文化；建立专门的风险管理团队，运用科学的方法和工具进行风险评估和控制；定期对风险状况进行监测和评估，及时调整风险管理策略。

在未来的发展道路上，企业只有充分认识并有效应对各种风险，才能在复杂多变的商业环境中稳健前行，实现长期的可持续发展，为股东和社会创造更大的价值。

融资者的解答

在市场风险方面，市场需求存在一定的不确定性，但我们通过持续的市场调研和客户需求分析，尽力降低这种不确定性的影响。市场份额可能会有一定的波动，然而我们通过不断优化产品和服务、加强市场推广等措施，努力稳定并扩大市场份额，预计这种波动风险处于可控范围内。

竞争风险方面，新竞争对手的进入确实存在一定威胁，但我们凭借独特的竞争优势，如技术创新、优质的客户服务和品牌形象等，有信心应对新进入者的挑战。竞争对手的价格战策略可能会对公司造成短期的压力，但我们会综合考量自身的成本和市场定位，通过产品差异化和价值增值服务来避免陷入价格战的恶性竞争。

技术风险方面，技术更新换代的速度较快，不过我们一直高度重视技术研发，不断加大投入，并建立了高效的研发团队和风险管理机制，以降低技术研发失败的可能性。同时，我们也积极与外部科研机构合作，保持对前沿技术的敏锐洞察力。

财务风险方面，虽然存在资金链断裂和债务违约的风险，但我们通过合理的资金规划、优化财务结构、拓展多元化的融资渠道等方式来有效控制风险。目前，我们的财务状况稳健，资金流动性良好，预计这些风险发生的概率较低。

经营风险方面，原材料供应中断、生产事故、重大客户流失等风险确实存在。对于原材料供应中断的风险，我们与多家供应商建立了长期合作关系，并制定了应急采购预案；生产事故方面，我们严格遵守安全生产规范，加强员工培训和设备维护，以降低事故发生的可能性；重大客户流失方面，我们会加强客户关系管理，提高客户满意度，同时不断拓展新客户，以减少个别客户流失带来的影响。这些风险的可能性相对较小，且我们已制定了相应的应对措施，将其影响程度控制在可接受的范围内。

政策风险方面，行业政策的调整和税收政策的变化可能会对公司产生一定影响。我们会密切关注政策动态，加强与政府部门的沟通，提前做好应对准备。同时，通过不断优化业务结构和运营模式，提高公司的政策适应能力，将政策变化带来的负面影响降至最低。

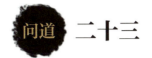

二十三 公司是否有应对风险的措施和预案?

- 针对市场风险,是否有市场调研和预测机制、产品多元化策略?

- 对于竞争风险,是否有差异化竞争策略、成本控制措施、品牌建设计划?

- 在技术风险方面,是否有技术储备、研发合作、知识产权保护措施?

- 面对财务风险,是否有合理的资金规划、融资渠道、风险预警机制?

- 对于经营风险,是否有供应链风险管理、安全生产制度、客户关系维护策略?

- 针对政策风险,是否有政策研究团队、合规管理措施、战略调整预案?

- 风险应对措施和预案是否经过实际检验和有效执行?

👤 投资者的提问

当投资人提出公司是否有应对风险的措施和预案这一系

列问题时，无疑是在为企业的航行指引方向，确保其能够在风雨中稳健前行。

"**针对市场风险，是否有市场调研和预测机制、产品多元化策略？**"市场如同变幻莫测的海洋，企业需要敏锐的触角来感知其起伏。市场调研和预测机制是企业洞察市场需求变化、把握趋势的重要手段。

通过深入的市场调研，企业能够了解消费者的喜好、需求的动态变化以及竞争对手的动向，从而为产品研发、市场营销等决策提供依据。准确的市场预测则有助于企业提前规划生产、调整库存，避免因市场需求波动而导致的损失。

产品多元化策略是企业分散市场风险的有效途径。当企业依赖单一产品时，一旦该产品市场需求下降，企业将面临巨大压力。而通过开发多种相关或不相关的产品，企业能够在不同市场领域寻找机会，降低对某一特定产品的依赖，增强抵御市场风险的能力。

例如，一家原本专注于智能手机生产的企业，如果能够适时推出智能手表、平板电脑等多元化产品，当智能手机市场出现饱和或竞争加剧时，其他产品的销售可能会弥补手机业务的下滑。

"**对于竞争风险，是否有差异化竞争策略、成本控制措施、品牌建设计划？**"在竞争激烈的商业战场中，企业需要独特的武器来脱颖而出。差异化竞争策略使企业能够避开正面的价格战，通过提供独特的产品特性、优质的服务或创新的商业模式来吸引客户。

成本控制措施有助于企业在保证产品质量的前提下降低运营成本，从而在价格竞争中具有更大的灵活性，或者在相同价格下获得更高的利润空间。

强大的品牌是企业的无形资产，能够提高客户的忠诚度和信任度，使企业在竞争中具有更稳固的地位。例如，某家餐饮企业通过打造独特的菜品口味、优质的服务体验以及鲜明的品牌形象，与竞争对手形成差异，吸引了大量忠实客户；同时，该企业通过优化采购、管理流程等方式严格控制成本，提高了赢利能力。

"在技术风险方面，是否有技术储备、研发合作、知识产权保护措施？"技术的快速发展既是机遇也是挑战。技术储备使企业能够在现有技术面临淘汰时迅速推出替代方案，保持市场竞争力。

研发合作可以整合各方的技术资源，加速创新进程，降低研发风险。知识产权保护措施则确保企业的技术创新成果不被侵权，为企业的技术投入提供保障。

比如，一家科技企业在研发新一代通信技术的同时，也在储备相关的替代技术；与高校、科研机构开展合作，共同攻克技术难题；并积极申请专利，保护自身的知识产权。

"面对财务风险，是否有合理的资金规划、融资渠道、

风险预警机制？" 稳健的财务状况是企业生存的基础。合理的资金规划能够确保企业的资金在投资、运营和偿债等方面得到合理配置，避免资金链断裂。

多元化的融资渠道为企业提供了充足的资金支持，降低了对单一融资方式的依赖。风险预警机制能够及时发现财务指标的异常变化，提前采取措施防范风险。

例如，企业制定详细的年度预算，合理安排资金用途；与银行、资本市场等保持良好的合作关系，确保在需要时能够及时获得融资；建立财务指标监测体系，当负债率、现金流等指标出现异常时及时预警。

"对于经营风险，是否有供应链风险管理、安全生产制度、客户关系维护策略？" 经营环节中的每一个细节都可能隐藏着风险。供应链风险管理确保原材料的稳定供应，降低供应中断的风险。

安全生产制度保障员工的生命安全和企业的正常生产，避免因生产事故带来的巨大损失。良好的客户关系维护策略能够提高客户满意度和忠诚度，减少客户流失。

比如，企业与多家供应商建立长期合作关系，分散供应风险；加强安全生产培训和设备维护，预防事故发生；通过优质的售后服务、定期回访等方式增强与客户的沟通和合作。

"针对政策风险，是否有政策研究团队、合规管理措施、

战略调整预案？"政策的变化如同风向的转变，企业需要及时调整帆向。政策研究团队能够密切关注政策动态，为企业决策提供前瞻性的建议。

合规管理措施确保企业的经营活动符合法律法规的要求，避免因违规而受到处罚。战略调整预案使企业能够在政策变化时迅速做出反应，调整发展战略。

例如，一家环保企业设立专门的政策研究部门，及时了解环保政策的变化，调整生产工艺和产品结构；建立健全的合规管理体系，确保企业在环保、税收等方面合规经营；制定不同政策情景下的战略调整方案，以应对政策的不确定性。

"风险应对措施和预案是否经过实际检验和有效执行？"再好的措施和预案如果没有经过实践的检验和有效的执行，都只是纸上谈兵。企业需要通过实际的风险事件来检验应对措施的有效性，并不断总结经验教训进行完善。

同时，确保各项措施和预案能够在企业内部得到严格执行，形成全员参与风险管理的文化。

综上所述，投资人关于公司是否有应对风险的措施和预案的提问，对于企业和投资者都具有至关重要的意义。

从企业内部管理的角度来看，回答这些问题有助于企业建立健全风险管理体系，提高决策的科学性和前瞻性，增强企业的应变能力和竞争力。

在战略规划方面，完善的风险应对策略能够使企业在制定发展战略时充分考虑各种风险因素，确保战略的可行性和可持续性。

对于投资者而言，企业具备有效的风险应对能力是投资信心的重要来源。一个能够从容应对各类风险的企业，更有可能实现稳定的增长，为投资者带来可靠的回报。

因此，企业应当高度重视投资人的这些提问，将风险管理融入企业的日常运营和战略决策中。不断优化风险应对措施和预案，加强培训和演练，提高全员的风险意识和应对能力。同时，加强与投资者的沟通，展示企业在风险管理方面的成果和规划，增强投资者的信任。

在未来的商业旅程中，企业只有筑牢风险防线，才能在充满不确定性的市场环境中稳健发展，实现长期的价值创造和可持续发展。

👤 融资者的解答

针对市场风险，我们建立了完善的市场调研和预测机制。定期开展市场调研活动，收集和分析行业数据、消费者需求变化等信息，以便准确把握市场趋势。同时，制定了产品多元化策略，不断拓展产品线，满足不同客户群体的需求，降低对单一产品的依赖。

对于竞争风险，我们推行差异化竞争策略，突出产品或服务的独特价值和优势。通过优化内部管理，严格控制成本，提高运营效率，增强价格竞争力。在品牌建设方面，制订了长期的品牌推广计划，提升品牌知名度和美誉度。

在技术风险方面，积极进行技术储备，关注行业前沿技术的发展动态，提前布局相关研究。加强与高校、科研机构的研发合作，引进外部技术资源。注重知识产权保护，及时申请专利，维护公司的技术创新成果。

面对财务风险，制定了合理的资金规划，根据业务发展需求和资金收支情况，合理安排资金使用。拓展了多元化的融资渠道，包括银行贷款、股权融资等，确保资金的稳定供应。建立了风险预警机制，实时监控财务指标，一旦发现异常，及时采取应对措施。

对于经营风险，强化了供应链风险管理，与供应商建立长期稳定的合作关系，签订供应协议，确保原材料的稳定供应。制定了严格的安全生产制度，加强员工培训和安全检查，预防生产事故的发生。实施客户关系维护策略，定期回访客户，了解客户需求，提高客户满意度和忠诚度。

针对政策风险，成立了政策研究团队，密切关注行业政策和税收政策的变化。建立了合规管理措施，确保公司的经营活动符合法律法规的要求。制定了战略调整预案，根据政策变化及时调整公司的发展战略和业务布局。

我们的风险应对措施和预案经过了实际业务的检验，并不断进行优化和完善，确保其有效执行。例如，在（具体案例）中，我们成功运用风险应对措施化解了危机，保障了公司的正常运营和发展。

 二十四　公司的法律和合规风险如何?

- 公司是否存在未决的法律诉讼或潜在的法律纠纷? 涉及的金额和影响有多大?
- 公司的业务活动是否符合所有相关的法律法规，包括环保、劳动、知识产权等方面?
- 公司的内部治理结构和决策程序是否合法合规?
- 公司是否有完善的合规管理制度和监督机制?
- 行业监管政策的变化对公司的经营活动有何影响?
- 法律和合规风险对公司的声誉和财务状况可能产生怎样的后果?

👤 投资者的提问

当投资人提出关于公司法律和合规风险的一系列问题时，这无疑是在为企业敲响了警钟，促使企业家们高度警觉，审慎对待，以确保企业的稳健发展。

"公司是否存在未决的法律诉讼或潜在的法律纠纷? 涉

及的金额和影响有多大？"未决的法律诉讼和潜在的法律纠纷是企业头上的"达摩克利斯之剑"，随时可能给企业带来沉重的打击。

这些纠纷可能涉及合同违约、侵权行为、知识产权争议等多个方面。无论最终结果如何，法律诉讼的过程本身就会耗费企业大量的时间、精力和财力。

如果涉及的金额巨大，可能会对企业的财务状况造成严重影响，导致资金紧张、利润下滑，甚至影响企业的正常运营和偿债能力。

例如，一家企业因产品质量问题被消费者集体起诉，要求巨额赔偿，如果败诉，不仅要支付巨额赔款，还可能面临声誉受损、市场份额下降的困境。

"公司的业务活动是否符合所有相关的法律法规，包括环保、劳动、知识产权等方面？"合规经营是企业生存和发展的底线。

在环保方面，企业需要遵守排放标准、资源利用规定等，否则可能面临严厉的处罚和社会舆论的谴责。劳动法规关系到员工的权益保护，如劳动合同的签订、工资福利、工作时间和劳动安全等，违规可能导致员工纠纷和法律责任。

知识产权保护对于创新型企业尤为重要，侵权或被侵权都可能影响企业的核心竞争力。

比如，一家工厂如果违规排放污染物，不仅要承担巨额罚款，还可能被责令停产整顿；一家企业如果拖欠员工工资或未提供合法的劳动保障，可能引发员工罢工和法律诉讼。

"公司的内部治理结构和决策程序是否合法合规？"良好的内部治理是企业健康运行的保障。

合法合规的内部治理结构能够确保权力的制衡和决策的科学性，避免内部人控制、利益输送等问题。决策程序的规范能够提高决策的质量和透明度，减少决策失误和违规操作的风险。

若内部治理结构混乱、决策程序违法违规，可能导致企业战略失误、管理失控，进而影响企业的发展和股东的利益。

"公司是否有完善的合规管理制度和监督机制？"完善的合规管理制度和监督机制是预防和化解法律合规风险的重要防线。

合规管理制度应明确各项业务活动的操作规范和行为准则，让员工清楚知道什么能做、什么不能做。监督机制则要确保制度的有效执行，及时发现和纠正违规行为。

例如，金融机构需要建立严格的反洗钱合规制度和监督机制，以防止违法犯罪活动的发生；上市公司需要设立独立的审计委员会，监督公司的财务报告和内部控制。

"行业监管政策的变化对公司的经营活动有何影响？"行业监管政策的变化如同风向的转变，企业需要及时调整帆向。

新的监管政策可能会对企业的市场准入、业务范围、经营模式等产生重大影响。如果企业不能及时了解并适应这些变化，可能会面临业务受限、违规处罚等风险。

比如，互联网金融行业的监管政策趋严，一些不合规的平台被整顿或淘汰；医药行业的审批政策调整，可能影响新药的研发和上市进程。

"**法律和合规风险对公司的声誉和财务状况可能产生怎样的后果？**"法律和合规风险一旦爆发，对公司的声誉和财务状况往往是双重打击。

声誉受损会使客户失去信任、合作伙伴望而却步、投资者信心动摇，从而影响企业的市场地位和业务拓展。财务方面，可能面临罚款、赔偿、业务损失等直接经济损失，以及融资困难、股价下跌等间接影响。

综上所述，投资人关于公司法律和合规风险的提问，对于企业和投资者都具有极其重要的意义。

从企业内部管理的角度来看，回答这些问题有助于企业增强法律意识，完善内部管理流程，加强员工培训，预防和减少法律合规风险的发生。

在战略规划方面，对法律和合规风险的评估能够帮助企业提前调整战略布局，适应法律法规和监管政策的变化，确保企业的发展方向合法合规。

对于投资者而言，企业的法律和合规状况是评估投资安全性和可持续性的重要因素。一个重视法律合规、风险管控良好的企业，更能为投资者带来稳定的回报和长期的价值。

因此，企业应当充分重视投资人的这些提问，将法律合规作为企业管理的重要环节。建立健全法律合规管理体系，定期进行风险评估和自查自纠，加强与监管部门的沟通协调。同时，加强与投资者的交流，及时披露法律合规相关信息，增强投资者的信任。

在未来的发展道路上，企业只有严守法律底线，遵循合规原则，才能在市场的海洋中稳健航行，实现长期的繁荣与发展。

融资者的解答

目前，公司不存在重大的未决法律诉讼。但在业务运营中，可能存在一些潜在的法律纠纷，主要集中在（简要说明潜在纠纷的领域），涉及的金额预计相对较小，对公司的整体影响有限。我们已经组建了专业的法律团队，对潜在纠纷进行密切跟踪和评估，并制定了相应的应对策略。

公司一直高度重视法律法规的遵循，业务活动严格符合所有相关的法律法规。在环保方面，我们严格遵守排放标准，采取有效的环保措施；劳动方面，保障员工权益，遵守劳动法规；知识产权方面，重视自主研发，尊重他人知识产权，并且积极维护自身的知识产权。

公司的内部治理结构和决策程序合法合规。建立了完善的公司章程和治理制度，明确了各部门和岗位的职责权限，决策过程遵循民主、科学、透明的原则，确保公司运营的合法性和规范性。

公司拥有完善的合规管理制度和监督机制。设立了专门的合规部门，负责制定和执行合规政策，定期对公司的业务活动进行合规审查，及时发现和纠正潜在的违规行为。同时，加强员工的合规培训，提高员工的合规意识。

行业监管政策的变化对公司的经营活动可能会产生一定影响。但我们会密切关注政策动态，及时调整经营策略和业务模式，以适应新的监管要求。例如，在（具体政策变化的情况）下，我们迅速做出反应，通过（具体的调整措施），确保公司业务的持续稳定发展。

法律和合规风险可能会对公司的声誉和财务状况产生严重后果。一旦出现法律违规事件，可能会损害公司的品牌形象，导致客户流失和市场份额下降。在财务方面，可能面临罚款、赔偿等经济损失，影响公司的赢利能力和资金状况。然而，通过我们的有效管理和预防措施，将法律和合规风险控制在最低水平。

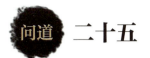

宏观经济环境和政策变化对公司的影响如何?

- 经济周期的不同阶段（繁荣、衰退、复苏）对公司产品或服务的需求影响程度怎样?

- 利率变动对公司的融资成本和投资收益有何影响?

- 汇率波动对公司的进出口业务、海外资产和负债的影响如何?

- 通货膨胀或通货紧缩对公司的成本和价格策略有哪些影响?

- 国家产业政策的调整（如鼓励、限制或淘汰某些产业）对公司的发展方向有何影响?

- 财政政策（税收、补贴等）的变化对公司的利润有多大影响?

投资者的提问

当投资人提出关于宏观经济环境和政策变化对公司影响的一系列问题时，这无疑是为企业提供了宝贵的导航灯塔，促使企业家们深入思考，从而更好地驾驭企业之舟，驶向成功的彼岸。

"**经济周期的不同阶段（繁荣、衰退、复苏）对公司产品或服务的需求影响程度怎样？**"经济周期如同四季更替，对企业的影响各有不同。

在经济繁荣期，消费者信心高涨，市场需求旺盛，企业的产品或服务往往能迎来销售高峰。此时，企业可能需要加大生产规模、拓展市场份额，以满足不断增长的需求。

然而，在经济衰退期，消费者购买力下降，市场需求萎缩，企业可能面临销售下滑、库存积压的困境。这就需要企业采取措施降低成本、优化产品结构，甚至可能需要调整业务战略，以应对市场的寒冬。

而在经济复苏阶段，市场逐渐回暖，企业需要敏锐捕捉需求的复苏信号，及时调整生产和营销策略，抓住市场复苏带来的机遇。

例如，在房地产行业，经济繁荣时，购房需求旺盛，开发商积极拿地建房；经济衰退时，房屋销售遇冷，企业需要谨慎投资，控制成本；经济复苏时，企业又要提前布局，满足逐渐增加的购房需求。

"**利率变动对公司的融资成本和投资收益有何影响？**"利率是资金的价格，其变动直接关系到企业的财务状况。

当利率上升时，企业的融资成本增加，这意味着企业通过贷款、债券等方式筹集资金的代价更高。这可能会抑制企业的投资扩张计划，或者迫使企业寻找更昂贵的融资渠道。

相反，利率下降时，融资成本降低，企业更有动力进行投资和扩张。同时，利率的变动还会影响企业的投资收益。如果企业持有大量固定收益类投资，利率下降会导致投资收益减少；而如果企业有浮动利率的债务，利率上升则会增加偿债压力。

比如，一家制造业企业计划新建工厂，在高利率环境下，可能会因融资成本过高而推迟项目；而一家持有大量债券投资的金融企业，在利率下降时，投资收益可能会大幅缩水。

"汇率波动对公司的进出口业务、海外资产和负债的影响如何？" 在全球化的今天，汇率波动对企业的国际业务有着重要影响。

对于出口型企业，本币贬值通常有利于增强产品在国际市场上的竞争力，增加出口收入；而本币升值则可能使出口产品价格相对上涨，削弱竞争力。

对于进口型企业，情况则相反，本币贬值会增加进口成本，本币升值则有利于降低进口成本。此外，企业的海外资产和负债也会受到汇率波动的影响。如果企业拥有大量海外资产，本币贬值会导致资产折算成母国货币时价值增加；反之，本币升值则会使海外资产价值缩水。

同样，海外负债也会因汇率波动而影响企业的偿债负
担。例如，一家服装出口企业，在人民币贬值时，其产品在
国际市场上更具价格优势，出口量可能增加；而一家有大
量美元负债的跨国公司，在美元升值时，偿债压力会显著
增大。

**"通货膨胀或通货紧缩对公司的成本和价格策略有哪些
影响？"** 通货膨胀意味着物价普遍上涨，企业的原材料采购
成本、劳动力成本等可能会上升。

为了保持利润，企业可能需要提高产品价格，但价格上
涨可能会影响产品的市场需求。在通货紧缩时，物价下跌，
消费者可能会推迟购买，企业可能面临降价压力，同时成本
也可能难以降低，从而挤压利润空间。

企业需要根据通货膨胀或通货紧缩的程度和持续时间，
灵活调整成本控制和价格策略，以保持赢利能力。

比如，在通货膨胀时期，一家食品生产企业可能会面临
原材料价格上涨的压力，需要通过优化供应链、提高生产效
率等方式控制成本，同时谨慎考虑产品提价的幅度和时机。

**"国家产业政策的调整（如鼓励、限制或淘汰某些产业）
对公司的发展方向有何影响？"** 产业政策是国家引导经济发
展的重要手段，对企业的发展方向起着关键的引领作用。

当国家鼓励某一产业发展时，企业可能会获得税收优
惠、财政补贴、信贷支持等政策红利，从而吸引更多的资源

投入，促进产业的快速发展。

相反，如果某一产业受到限制或淘汰，企业可能需要面临转型或退出的压力。例如，随着环保要求的提高，国家对高污染产业进行限制，相关企业就需要加大环保投入，或者转向更环保的生产方式；而对于新兴的战略性产业，如新能源、人工智能等，国家的鼓励政策会吸引众多企业投身其中，抢占发展先机。

"财政政策（税收、补贴等）的变化对公司的利润有多大影响？" 财政政策直接影响着企业的税负和收益。

税收政策的调整，如税率的升降、税收优惠的增减，会直接影响企业的税后利润。补贴政策则可以为企业提供额外的收入来源或降低成本。

例如，企业所得税税率的降低会增加企业的净利润；政府对某一行业的补贴可以降低企业的研发成本或生产投入，提高企业的竞争力。

综上所述，投资人关于宏观经济环境和政策变化对公司影响的提问，对于企业和投资者都具有至关重要的意义。

从企业内部管理的角度来看，深入思考这些问题有助于企业提高战略规划的科学性和前瞻性。企业可以根据经济周期的阶段调整生产和投资策略，根据利率、汇率和财政政策的变化优化财务决策，根据产业政策的导向调整业务布局。

在风险管理方面，对宏观经济环境和政策变化的敏锐洞察能够帮助企业提前识别和应对潜在风险。例如，通过套期保值等手段应对汇率风险，通过多元化经营降低对特定经济周期的依赖。

对于投资者而言，企业对宏观经济环境和政策变化的适应能力是评估其投资价值和风险的重要因素。一个能够灵活应对宏观变化、把握政策机遇的企业，更有可能在复杂多变的市场中实现持续稳定的发展，为投资者带来丰厚的回报。

因此，企业应当高度重视投资人的这些提问，将宏观经济环境和政策变化纳入企业战略决策的重要考量因素。建立健全宏观经济监测和分析机制，加强与政府部门的沟通协调，及时调整经营策略，以应对宏观环境的变化。

在未来的商业征程中，企业只有密切关注宏观经济环境和政策的动态，顺势而为，因势利导，才能在波涛汹涌的市场中稳健前行，实现可持续的发展和价值创造。

🧑 融资者的解答

在经济周期的不同阶段，对公司产品或服务的需求影响程度存在差异。在繁荣阶段，市场需求旺盛，公司产品或服务的销量通常会增加；衰退阶段，需求可能会有所萎缩，但我们通过优化产品结构和拓展市场，尽量减轻影响；复苏阶段，公司能够抓住机遇，进一步扩大市场份额。

利率变动对公司的融资成本和投资收益有着直接的影响。当利率上升时，融资成本增加，但我们会通过优化融资结构和合理安排债务期限来降低成本。同时，也会根据利率变化调整投资策略，以确保投资收益的稳定。

汇率波动对公司的进出口业务、海外资产和负债有一定影响。如果本币升值，可能会对出口业务造成一定压力，但有利于进口和海外资产的价值；反之，本币贬值则有利于出口，但会增加海外负债的负担。我们通过采用套期保值等金融工具，以及灵活调整进出口策略来应对汇率波动。

通货膨胀或通货紧缩对公司的成本和价格策略有重要影响。在通货膨胀时期，原材料成本上升，我们会通过提高生产效率、优化供应链等方式控制成本，并根据市场情况适当调整产品价格。通货紧缩时，我们会注重成本控制，同时谨慎调整价格，以保持市场竞争力。

国家产业政策的调整对公司的发展方向影响重大。如果公司所处产业受到鼓励，我们将加大投入，扩大生产规模，提升技术水平；若产业受到限制或淘汰，我们会提前规划业务转型，寻找新的发展机遇，确保公司的可持续发展。

财政政策的变化，如税收政策的调整和补贴政策的变动，对公司的利润有直接影响。税收优惠可以增加公司利润，而税收负担的增加则会压缩利润空间。补贴政策的变化也会影响公司的收入和成本，我们会密切关注政策动态，合理规划业务，以降低政策变化带来的不利影响。

第七篇
问道上市法门

公司是否符合 A 股上市的条件和要求？

- 公司的财务指标（如净利润、营业收入、净资产等）是否达到 A 股上市的最低标准？过去几年的财务数据是否稳定且符合趋势？

- 公司在公司治理方面，是否建立了健全的股东大会、董事会、监事会制度，且运作规范？

- 公司在合规方面，是否存在重大违法违规行为，如税务、环保、劳动等方面的违规记录？

- 公司的内部控制制度是否完善，能否有效防范财务造假、关联交易等风险？

- 对于 A 股上市要求的信息披露规范，公司是否具备相应的能力和制度保障？

👤 投资者的提问

当投资人提出关于公司是否符合 A 股上市的一系列问题时，这无疑是为企业点亮了一盏前行的明灯，促使企业家们深入反思，积极改进，以实现上市的宏伟目标。

"公司的财务指标（如净利润、营业收入、净资产等）是否达到 A 股上市的最低标准？过去几年的财务数据是否稳定且符合趋势？"财务指标是衡量企业经营状况和赢利能力的重要依据，也是 A 股上市的关键门槛。

净利润反映了企业的最终盈利水平，营业收入展示了企业的市场规模和业务拓展能力，净资产体现了企业的资产实力和偿债能力。达到 A 股上市的最低财务标准只是第一步，更重要的是财务数据的稳定性和良好的发展趋势。

如果企业的财务指标波动较大，或者呈现下滑趋势，可能会让投资者对企业的未来发展产生疑虑。例如，一家企业在某一年度净利润大幅增长，但随后又急剧下降，这种不稳定的表现可能暗示企业的赢利模式存在问题，或者受到外部环境的过度影响。

相反，持续稳定增长的财务数据则显示出企业具有较强的市场竞争力和良好的经营管理能力，能够给投资者带来信心。

"公司在公司治理方面，是否建立了健全的股东大会、董事会、监事会制度，且运作规范？"良好的公司治理是企业健康发展的基石，也是 A 股上市的重要要求。

健全的股东大会保障了股东的基本权利，使其能够参与公司的重大决策；董事会负责公司的战略规划和经营决策，需要具备专业知识和丰富经验的成员；监事会则对公司的运营进行监督，确保公司遵守法律法规和内部规章制度。

如果公司治理结构不完善，运作不规范，可能会导致决策失误、内部腐败、信息不透明等问题，严重影响企业的形象和价值。

例如，某公司董事会成员长期被大股东操纵，无法独立决策，导致公司战略方向错误，业绩不佳。

"**公司在合规方面，是否存在重大违法违规行为，如税务、环保、劳动等方面的违规记录？**"合规经营是企业的底线，也是 A 股上市的硬性条件。

税务违规可能导致企业面临巨额罚款和信用受损；环保违规不仅破坏企业形象，还可能受到严厉的行政处罚；劳动违规则会引发员工纠纷，影响企业的稳定运营。

即使企业在其他方面表现出色，但一旦有重大违法违规记录，其 A 股上市之路将充满荆棘。

比如，一家企业因偷逃税款被查处，不仅要补缴税款和罚款，还会在上市审核中受到严格审查。

"**公司的内部控制制度是否完善，能否有效防范财务造假、关联交易等风险？**"内部控制制度是企业防范风险、保障财务信息真实可靠的重要保障。

完善的内部控制能够规范企业的财务管理、业务流程和决策机制，防止财务造假、关联交易不公正等问题的发生。如果内部控制薄弱，企业可能会陷入财务危机和信任危机。

例如，某些上市公司因内部控制失效，出现财务造假丑闻，股价暴跌，投资者损失惨重。

"对于 A 股上市要求的信息披露规范，公司是否具备相应的能力和制度保障？"及时、准确、完整的信息披露是上市公司对投资者应尽的义务，也是维护市场公平、公正、透明的关键。

公司需要建立完善的信息披露制度，确保在招股说明书、定期报告、临时公告等文件中如实披露公司的财务状况、经营成果、重大事项等信息。如果信息披露不规范，企业可能会受到监管部门的处罚，影响上市进程。

综上所述，投资人关于公司是否符合 A 股上市条件和要求的提问，对于企业和投资者都具有极其重要的意义。

从企业内部管理的角度来看，回答这些问题有助于企业全面审视自身的经营状况、治理结构、合规管理和内部控制水平。促使企业加强财务管理，优化财务结构，提高赢利能力；完善公司治理，提升决策的科学性和透明度；强化合规意识，杜绝违法违规行为；建立健全内部控制制度，防范各类风险；提升信息披露能力，增强与投资者的沟通。

在战略规划方面，对 A 股上市要求的深入理解能够帮助企业明确发展方向，制订切实可行的上市计划。企业可以根据自身的差距和不足，有针对性地进行改进和优化，提高上市的成功率。

对于投资者而言，企业是否符合 A 股上市条件是评估其投资价值和风险的重要依据。一个具备上市潜力的企业，往往意味着更规范的管理、更广阔的发展空间和更高的投资回报。

因此，企业应当充分重视投资人的这些提问，将其作为推动企业改革和发展的重要动力。不断完善自身的各项制度和管理体系，提高企业的整体素质和竞争力。同时，加强与投资者的沟通，展示企业在上市筹备方面的努力和成果，增强投资者的信心。

在未来的发展道路上，企业只有以 A 股上市的标准严格要求自己，不断提升自身实力，才能在资本市场的舞台上绽放光彩，实现更大的发展和价值创造。

👤 融资者的解答

从财务指标来看，公司的净利润、营业收入、净资产等关键指标在过去几年持续增长，且目前已经达到或超过了 A 股上市的最低标准。同时，财务数据表现稳定，符合良好的发展趋势。通过严格的财务管理和战略规划，我们有信心在未来保持这样的态势。

在公司治理方面，我们建立了健全的股东大会、董事会、监事会制度，并且严格按照相关法律法规和公司章程运作。各机构职责明确、相互制衡，决策程序科学民主，确保了公司治理的规范化和高效化。

在合规方面，公司一直秉持合法合规经营的原则，不存在重大违法违规行为。在税务、环保、劳动等方面，我们严格遵守相关法律法规，按时足额纳税，积极履行环保责任，保障员工合法权益，并定期进行内部自查和外部审计，以确保合规运营。

公司的内部控制制度完善且有效。我们建立了全面的内部控制体系，涵盖财务管理、风险管理、内部审计等多个领域，能够有效防范财务造假、关联交易等风险。内部审计部门定期对公司的运营进行监督和评估，及时发现并纠正潜在问题。

对于 A 股上市要求的信息披露规范，公司具备相应的能力和制度保障。我们已经组建了专业的信息披露团队，熟悉相关法律法规和披露要求。同时，建立了完善的信息收集、整理和发布流程，确保信息披露的真实、准确、完整、及时，保护投资者的合法权益。

综上所述，公司在财务指标、公司治理、合规经营、内部控制以及信息披露等方面都努力达到并超越了 A 股上市的条件和要求，具备上市的潜力和基础。

公司的股权结构和治理
结构是否清晰合理？

- 公司的股权是否过度集中或分散？主要股东之间的关系是否和谐，是否存在控制权争夺的风险？

- 董事会成员的构成是否多元化，包括行业专家、财务专家、法律专家等？董事会的决策机制是否科学、高效？

- 公司是否设立了独立的审计委员会、薪酬委员会等专门委员会，其职责履行是否到位？

- 公司的内部控制制度是否涵盖了财务管理、风险管理、内部审计等各个方面，执行情况如何？

- 公司的管理层激励机制是否合理，能否有效激励管理层为股东创造价值？

投资者的提问

当投资人提出关于公司股权结构和治理结构是否清晰合理的一系列问题时，这无疑是为企业提供了一面审视自身的镜子，促使企业家们深入思索，进而为企业的长远发展奠定坚实基础。

"公司的股权是否过度集中或分散？主要股东之间的关系是否和谐，是否存在控制权争夺的风险？"股权结构的合理与否对企业的稳定运营至关重要。

股权过度集中可能导致"一言堂"现象，大股东可能凭借绝对控制权做出不利于公司整体利益和中小股东权益的决策。相反，股权过度分散则可能使公司缺乏明确的控股股东，导致决策效率低下，股东难以形成一致的战略方向。

同时，主要股东之间的关系和谐程度也直接影响着公司的治理。如果股东之间存在矛盾和分歧，甚至为了争夺控制权而展开激烈斗争，将使公司陷入内耗，严重影响正常经营和战略实施。

例如，一家股权高度集中的家族企业，由于家族成员之间在经营理念上的分歧，导致公司在重大决策上长期僵持不下，错失了多次发展机遇。而另一家股权分散的上市公司，因为股东们难以就一项重大投资达成共识，使得项目一再拖延，最终被竞争对手抢占先机。

"董事会成员的构成是否多元化，包括行业专家、财务专家、法律专家等？董事会的决策机制是否科学、高效？"董事会作为公司的决策核心，其成员构成的多元化和决策机制的科学性直接关系到公司的发展方向和决策质量。

多元化的董事会成员能够带来不同领域的专业知识和

经验，从多角度审视公司面临的问题和机遇，从而做出更全面、更明智的决策。如果董事会成员过于单一，可能会导致决策视野狭窄，难以应对复杂多变的市场环境。

而科学、高效的决策机制则能够确保董事会在充分讨论、权衡利弊的基础上迅速做出决策，避免冗长的决策过程导致机会流失或风险加剧。

比如，一家科技公司的董事会中，既有精通技术研发的行业专家，又有熟悉资本市场运作的财务专家和擅长法律风险防控的法律专家。在面对一项重大技术研发投资决策时，各领域专家充分发挥专业优势，经过深入讨论和分析，迅速制定了合理的投资方案，推动公司在新技术领域取得领先地位。

"公司是否设立了独立的审计委员会、薪酬委员会等专门委员会，其职责履行是否到位？" 专门委员会的设立是完善公司治理结构的重要举措。

独立的审计委员会能够加强对公司财务报告的监督，确保财务信息的真实、准确和完整，防范财务舞弊风险。薪酬委员会则负责制定合理的薪酬政策，激励管理层和员工为公司创造价值，同时避免薪酬过高或过低导致的不公平和人才流失。

然而，仅仅设立专门委员会是不够的，关键在于其职责是否得到切实履行。如果这些委员会形同虚设，无法发挥应有的监督和管理作用，公司的治理结构依然存在漏洞。

例如，某上市公司的审计委员会未能及时发现财务造假行为，导致公司股价暴跌，投资者损失惨重；而另一家公司的薪酬委员会制定的薪酬政策不合理，无法有效激励管理层，导致公司业绩下滑。

"公司的内部控制制度是否涵盖了财务管理、风险管理、内部审计等各个方面，执行情况如何？"健全的内部控制制度是企业防范风险、规范运营的重要保障。

涵盖财务管理、风险管理、内部审计等方面的内部控制制度能够确保公司的各项业务活动在规范、有序的轨道上运行，及时发现和纠正潜在的问题和错误。但制度的生命力在于执行，如果执行不力，再好的制度也只是一纸空文。

比如，一家企业虽然制定了完善的内部控制制度，但在实际执行中，财务审批流程不严格，风险管理措施落实不到位，内部审计流于形式，最终导致公司出现严重的财务危机和经营风险。

"公司的管理层激励机制是否合理，能否有效激励管理层为股东创造价值？"管理层是企业战略的执行者和日常运营的管理者，合理的激励机制能够激发管理层的积极性和创造力，使其致力于提升公司业绩和股东价值。

如果激励机制不合理，如激励不足可能导致管理层缺乏动力，激励过度可能引发短期行为和道德风险。因此，需要在激励与约束之间找到平衡，确保管理层的利益与股东利益一致。

综上所述，投资人关于公司股权结构和治理结构的提问，对于企业和投资者都具有极其重要的意义。

从企业内部管理的角度来看，深入思考这些问题有助于企业优化股权结构，提高治理水平，完善决策机制，加强内部监督和控制，制定合理的管理层激励政策。从而增强企业的凝聚力和执行力，提高运营效率和风险管理能力，保障企业的可持续发展。

在战略规划方面，清晰合理的股权结构和治理结构能够为企业制定长期发展战略提供坚实的基础。使企业在面对市场变化和竞争挑战时，能够迅速做出科学决策，灵活调整战略方向，抓住发展机遇。

对于投资者而言，企业的股权结构和治理结构是评估其投资价值和风险的重要因素。一个股权结构合理、治理结构完善的企业，往往更能保障投资者的权益，为投资者带来稳定的回报。

因此，企业应当高度重视投资人的这些提问，将其作为改进和完善自身治理的重要契机。不断优化股权结构，提升董事会的决策能力和专门委员会的履职效果，强化内部控制制度的执行，完善管理层激励机制。同时，加强与投资者的沟通，展示企业在治理方面的努力和成果，增强投资者的信心。

在未来的商业竞争中，企业只有构建清晰合理的股权结构和治理结构，才能在市场的风浪中稳健前行，实现长期的价值创造和可持续发展。

👤 融资者的解答

公司的股权结构处于合理状态，既不过度集中也不过于分散。主要股东之间关系和谐，在公司的发展战略和重大决策上保持着高度的共识，不存在控制权争夺的风险。我们建立了有效的沟通和协调机制，以维护股东之间的良好关系。

董事会成员的构成多元化，包括了行业专家、财务专家、法律专家等，他们为董事会的决策提供了多维度的专业视角和建议。董事会的决策机制科学、高效，在重大事项的决策上遵循充分讨论、民主决策的原则，确保决策的科学性和合理性。

公司设立了独立的审计委员会、薪酬委员会等专门委员会。审计委员会负责监督公司的财务报告和内部控制，确保财务信息的真实、准确；薪酬委员会制定合理的薪酬政策，激励员工的积极性。这些专门委员会职责履行到位，为公司的规范运作提供了有力保障。

公司的内部控制制度涵盖了财务管理、风险管理、内部审计等各个方面，并得到了有效的执行。我们定期对内部控制制度进行评估和完善，确保其能够适应公司业务的发展和变化，有效防范各类风险。

公司的管理层激励机制合理且有效。我们通过与业绩挂钩的薪酬体系、股权激励等方式，将管理层的利益与股东利益紧密结合，激励管理层为股东创造更大的价值。同时，建立了严格的绩效评估体系，对管理层的工作表现进行客观、公正的评价。

公司是否有上市的计划和时间表？

- 公司上市的动机是什么，是为了融资扩大业务、提升品牌知名度还是其他原因？

- 公司是否已经制订了详细的上市计划，包括选择的上市板块（主板、创业板、科创板等）、拟募集资金的用途等？

- 公司预计的上市时间表是否合理，考虑了财务审计、招股说明书编制、审批流程等所需的时间？

- 公司在上市准备过程中，是否已经完成了股份制改造、财务规范、法律尽职调查等前期工作？

- 公司是否与潜在的投资者进行了沟通，了解市场对其上市的反应和预期？

🧑‍💼 投资者的提问

当投资人提出关于公司是否有上市的计划和时间表的一系列问题时，这无疑是在为企业的上市征程点亮了导航灯，促使企业家们深入思考，精心布局，以实现企业的华丽转身。

"公司上市的动机是什么，是为了融资扩大业务、提升品牌知名度还是其他原因？"明确上市动机是企业踏上上市之路的首要任务。

融资扩大业务是许多企业选择上市的重要原因。通过公开发行股票，企业能够筹集大量资金，为新项目的开展、生产规模的扩大、技术研发的投入等提供强大的资金支持，从而加速企业的发展步伐。

提升品牌知名度也是上市带来的显著好处之一。成为上市公司能够增加企业的曝光度，提升在行业内的声誉和地位，增强消费者、合作伙伴对企业的信任和认可。

除此之外，上市还可能为企业带来优化治理结构、吸引人才、实现股东价值最大化等诸多益处。但不同的动机决定了企业在上市过程中的策略和重点。

例如，一家处于快速成长期的科技企业，其上市的主要动机是为了获取巨额融资，以支持前沿技术的研发和市场的快速拓展；而一家已经在行业内具有一定知名度的传统企业，上市可能更多的是为了借助资本市场的力量提升品牌形象，实现向现代化企业治理的转型。

"公司是否已经制订了详细的上市计划，包括选择的上市板块（主板、创业板、科创板等）、拟募集资金的用途等？"一份详细的上市计划是企业上市之旅的路线图。

选择合适的上市板块至关重要。主板通常适合规模较大、业绩稳定的成熟企业；创业板侧重于支持具有高成长性和创新性的中小企业；科创板则聚焦于科技创新型企业。企业需要根据自身的发展阶段、行业特点、财务状况等因素，精准选择能够最大程度展现自身优势和潜力的上市板块。

明确拟募集资金的用途也是上市计划的核心内容。募集资金的投向应与企业的战略规划紧密结合，用于扩大生产、研发创新、市场拓展、偿还债务等，以提升企业的核心竞争力和未来赢利能力。

比如，一家生物制药企业计划在科创板上市，其募集资金将主要用于新药的研发和临床试验，以及生产基地的扩建，以满足市场对创新药物的需求。

"公司预计的上市时间表是否合理，考虑了财务审计、招股说明书编制、审批流程等所需的时间？"合理的上市时间表是确保上市进程顺利推进的关键。

财务审计需要对企业的财务状况进行全面、深入的审查，确保财务数据的真实、准确和合规。招股说明书编制则要求企业详尽披露自身的业务、财务、风险等信息，这是投资者了解企业的重要依据。审批流程涉及多个监管部门的审核，需要企业满足一系列严格的条件和要求。

如果上市时间表过于紧凑，可能导致各项工作准备不充分，影响上市的成功率；而过于宽松则可能错失市场时机，增加企业的成本和不确定性。

例如，一家企业由于对审批流程的复杂性估计不足，设定的上市时间表过短，导致在申报过程中因材料不齐全、信息披露不完善等问题多次被退回，延长了上市周期，增加了不必要的成本和风险。

"**公司在上市准备过程中，是否已经完成了股份制改造、财务规范、法律尽职调查等前期工作？**"扎实的前期工作是企业成功上市的基石。

股份制改造是企业从有限责任公司转变为股份有限公司的重要步骤，建立起符合上市要求的股权结构和治理机制。财务规范要求企业按照会计准则和上市规则，对财务报表进行梳理和调整，确保财务信息的质量和透明度。

法律尽职调查则对企业的历史沿革、重大合同、知识产权、诉讼纠纷等法律事项进行全面排查，消除潜在的法律风险。

比如，一家企业在上市准备过程中，通过股份制改造引入了战略投资者，优化了股权结构；同时，聘请专业的财务顾问对财务进行规范，发现并解决了以往财务管理中的漏洞；还委托律师事务所进行法律尽职调查，及时处理了潜在的法律纠纷，为顺利上市打下了坚实的基础。

"**公司是否与潜在的投资者进行了沟通，了解市场对其上市的反应和预期？**"与潜在投资者的沟通是企业上市过程中不可或缺的环节。

通过与潜在投资者的交流，企业能够了解市场对其业务模式、发展前景、估值水平等方面的看法和预期，从而合理定价，优化发行方案，提高股票的吸引力和市场认可度。

同时，良好的沟通还能够提前锁定一部分战略投资者，为上市后的股价稳定和企业发展提供支持。

综上所述，投资人关于公司是否有上市的计划和时间表的提问，对于企业和投资者都具有至关重要的意义。

从企业内部管理的角度来看，回答这些问题有助于企业明确上市目标，制定科学合理的上市策略，统筹协调各项上市准备工作，提升企业的治理水平和运营效率。

在战略决策方面，对上市计划和时间表的深入思考能够帮助企业把握市场时机，根据自身发展需求和资本市场环境，选择最佳的上市路径和时间窗口。

对于投资者而言，企业的上市计划和准备情况是评估其投资潜力和风险的重要依据。一个有着清晰上市规划、扎实准备工作和良好市场预期的企业，更有可能在上市后为投资者带来丰厚的回报。

因此，企业应当充分重视投资人的这些提问，将其作为推动上市进程的重要动力。不断完善上市计划，加快前期工作进度，加强与潜在投资者的沟通。同时，保持冷静和理

性，客观评估自身实力和市场环境，确保上市之路走得稳
健、扎实。

在未来的发展道路上，企业只有精心谋划上市策略，积
极做好各项准备工作，才能在资本市场的舞台上绽放光彩，
实现更高层次的发展和价值创造。

👤 融资者的解答

公司上市的动机主要包括融资扩大业务、提升品牌知名
度以及为股东提供更多的流动性和价值实现机会。通过上市
募集资金，我们能够加速业务拓展，增强研发投入，提升市
场竞争力；同时，上市能够提高公司的品牌曝光度，增强市
场信任度。

我们已经制订了较为详细的上市计划。在上市板块的
选择上，经过综合考量公司的业务特点、发展阶段和市场定
位，倾向于（具体板块，如主板/创业板/科创板等）。拟募
集资金将主要用于（列举主要用途，如新产品研发、生产设
施升级、市场拓展等）。

公司预计的上市时间表是基于对各项工作所需时间的
充分评估制定的，是合理且可行的。我们充分考虑了财务审
计、招股说明书编制、审批流程等环节的复杂性和时间要
求。预计在（大致时间范围）内完成上市筹备工作。

　　在上市准备过程中，股份制改造已经完成，财务规范工作也在有序推进，法律尽职调查正在进行中且进展顺利。我们还组建了专业的团队，包括财务顾问、律师和审计师，以确保各项前期工作的高质量完成。

　　公司已经与潜在的投资者进行了初步沟通，了解了他们对公司上市的兴趣和预期。市场对我们的业务模式和发展前景总体持积极态度，但仍需在后续工作中进一步加强沟通和推介，以确保上市的顺利进行和市场的良好反应。

问道 二十九　公司的上市辅导机构和保荐人是谁？

- 辅导机构和保荐人的市场声誉和行业经验如何？是否有成功辅导和保荐其他公司上市的案例？

- 辅导机构和保荐人对公司所在行业的了解程度如何，能否为公司提供专业的行业分析和建议？

- 辅导机构和保荐人与监管部门的沟通渠道和关系如何，能否顺利推动公司的上市进程？

- 辅导机构和保荐人的服务团队规模和专业素质如何，能否满足公司上市过程中的各种需求？

- 辅导机构和保荐人的收费标准和收费方式是否合理，是否与公司的上市预期收益相匹配？

👤 投资者的提问

当投资人提出关于公司的上市辅导机构和保荐人是谁的一系列问题时，这无疑是在提醒企业要审慎选择合作伙伴，为成功上市奠定坚实基础。

"**辅导机构和保荐人的市场声誉和行业经验如何？是否有成功辅导和保荐其他公司上市的案例？**"市场声誉和行业经验是衡量辅导机构和保荐人实力的重要指标。

具有良好市场声誉的辅导机构和保荐人，往往在专业能力、服务质量和合规操作等方面表现出色，能够为企业树立良好的市场形象。丰富的行业经验则意味着他们熟悉上市的各个环节和可能遇到的问题，能够提供有效的解决方案。

成功辅导和保荐其他公司上市的案例是其能力的有力证明。通过这些案例，企业可以了解他们在不同行业、不同规模企业上市过程中的表现，判断其是否具备应对各种复杂情况的能力。

例如，一家知名的辅导机构和保荐人团队，曾成功帮助多家同行业企业顺利上市，积累了丰富的行业资源和实战经验。当这样的团队为新的企业提供服务时，能够借鉴以往的成功经验，为企业量身定制上市方案，大大提高上市的成功率。

"**辅导机构和保荐人对公司所在行业的了解程度如何，能否为公司提供专业的行业分析和建议？**"对行业的深刻理解是辅导机构和保荐人能够为企业提供精准服务的关键。

只有深入了解公司所在行业的发展趋势、竞争格局、政策环境等，他们才能为企业制定符合行业特点的上市策略。专业的行业分析和建议能够帮助企业准确把握自身的优势和不足，明确市场定位，优化业务结构，提高企业在资本市场的吸引力。

比如，对于一家新兴的互联网企业，辅导机构和保荐人如果能够准确分析互联网行业的发展动态和投资热点，为企业规划出具有前瞻性的发展路径，将有助于企业在上市过程中获得更高的估值和市场认可。

"辅导机构和保荐人与监管部门的沟通渠道和关系如何，能否顺利推动公司的上市进程？"与监管部门的良好沟通是企业上市过程中的重要保障。

辅导机构和保荐人熟悉监管政策和审批流程，与监管部门保持畅通的沟通渠道，能够及时准确地理解监管要求，协助企业准备合规的申请材料，避免因信息不畅或误解导致的上市延误。

在遇到问题时，他们能够凭借与监管部门的良好关系，积极协调解决，为企业的上市进程扫清障碍。

例如，在审核过程中，监管部门对企业的某些业务模式提出疑问，经验丰富的辅导机构和保荐人能够迅速做出回应，提供充分的解释和说明，推动审核工作顺利进行。

"辅导机构和保荐人的服务团队规模和专业素质如何，能否满足公司上市过程中的各种需求？"强大的服务团队和高素质的专业人才是确保服务质量的基础。

服务团队规模过小可能导致在处理大量上市工作时力不

从心，影响工作效率和质量。专业素质涵盖财务、法律、行业研究等多个领域，只有具备全面、深入的专业知识，才能应对上市过程中的各种复杂问题。

比如，在编制招股说明书时，需要财务专家对企业的财务数据进行准确解读和披露，法律专家确保各项法律事项合规，行业专家对企业的市场竞争力进行深入分析。如果服务团队在这些方面存在短板，将难以满足企业上市的高标准要求。

"辅导机构和保荐人的收费标准和收费方式是否合理，是否与公司的上市预期收益相匹配？"合理的收费是企业在选择辅导机构和保荐人时需要考虑的重要因素。

收费过高可能会给企业带来沉重的财务负担，影响上市的综合成本和效益；收费过低则可能意味着服务质量无法得到保障。收费方式也应与企业的实际情况相适应，例如是一次性收费还是分阶段收费，是否与上市的进度和成果挂钩等。

企业需要综合评估收费标准和方式，确保在获得优质服务的同时，实现成本效益的最大化。

综上所述，投资人关于公司的上市辅导机构和保荐人的提问，对于企业和投资者都具有极其重要的意义。

从企业内部管理的角度来看，深入思考这些问题有助于企业谨慎选择合作伙伴，确保上市过程的顺利进行。能够促使企业在上市筹备阶段就充分评估风险，合理安排资源，提高工作效率和质量。

在战略规划方面，选择合适的辅导机构和保荐人能够为企业的上市战略提供有力支持，帮助企业更好地把握市场时机，优化上市方案，实现企业价值的最大化。

对于投资者而言，辅导机构和保荐人的资质和能力直接影响企业上市的成功率和未来在资本市场的表现，从而关系到投资者的利益。

因此，企业应当高度重视投资人的这些提问，将其作为选择上市辅导机构和保荐人的重要参考。通过全面、深入的考察和比较，选择具有良好声誉、丰富经验、专业能力强、收费合理的辅导机构和保荐人。同时，加强与他们的沟通与协作，共同推动企业的上市进程。

在未来的发展道路上，企业只有选对上市的引路人，才能在资本市场的广阔天空中展翅翱翔，实现可持续的发展和价值创造。

👤 融资者的解答

公司选择的上市辅导机构是（辅导机构名称），保荐人是（保荐人名称）。

辅导机构和保荐人在市场上拥有良好的声誉和丰富的行业经验。他们成功辅导和保荐了众多公司上市，在过往案例中展现出了卓越的专业能力和高效的执行能力。

他们对公司所在行业有着深入的了解。团队中配备了行业专家，能够为公司提供专业、精准的行业分析和具有前瞻性的建议，帮助公司更好地把握行业趋势和竞争态势。

辅导机构和保荐人与监管部门保持着良好的沟通渠道和关系。凭借其丰富的经验和专业知识，能够准确理解监管要求，有效地协调各方资源，确保公司的上市进程顺利推进。

服务团队规模适中且专业素质过硬，涵盖了财务、法律、行业研究等多个领域的专业人才。在公司上市过程中，无论是财务规范、法律合规还是招股书撰写等方面，都能够充分满足公司的各种需求。

在收费标准和收费方式上，经过充分的市场调研和协商，是合理且公平的。收费水平与公司的上市预期收益相匹配，并且在服务质量和费用之间达到了良好的平衡，能够为公司提供高性价比的服务。

三十 公司在上市过程中可能面临
的挑战和问题是什么？

- 公司的财务状况是否存在需要进一步规范和调整的地方，如会计政策的变更、资产减值的计提等？

- 公司的业务模式和赢利前景是否能够得到监管部门和投资者的认可，是否需要进一步清晰化和优化？

- 公司是否存在未解决的法律纠纷或潜在的法律风险，可能影响上市进程？

- 公司在信息披露方面是否存在不足或不规范的地方，能否满足上市的要求？

- 市场环境的变化（如股市波动、行业竞争加剧等）对公司上市的影响如何？

- 公司内部团队在上市过程中的协作和沟通是否顺畅，能否高效应对各种问题？

👤 投资者的提问

当投资人提出关于公司在上市过程中可能面临的挑战和问题时，这犹如为企业敲响了警钟，促使其提前做好准备，以应对可能出现的风雨。

"公司的财务状况是否存在需要进一步规范和调整的地方，如会计政策的变更、资产减值的计提等？"财务状况是企业的核心指标之一，也是监管部门和投资者关注的重点。

会计政策的选择和变更需要遵循相关准则和规定，确保财务数据的准确性和可比性。不恰当的会计政策可能导致财务报表的扭曲，影响投资者对企业真实财务状况的判断。

资产减值的计提是否充分、合理，直接关系到资产价值的真实性和企业赢利能力的可靠性。如果存在应计提而未计提的情况，可能在未来给企业带来业绩的大幅波动。

例如，一家企业在准备上市时，发现以往采用的会计政策不够严谨，导致部分收入确认方式不符合上市要求。通过及时调整会计政策，规范财务核算，企业提高了财务信息的质量，增强了投资者的信心。

"公司的业务模式和赢利前景是否能够得到监管部门和投资者的认可，是否需要进一步清晰化和优化？"清晰、可持续的业务模式和良好的赢利前景是企业吸引投资者的关键。

监管部门会对公司的业务模式进行严格审查，评估其合规性、创新性和可持续性。如果业务模式复杂、模糊，或者盈利前景不明朗，可能引发监管部门的质疑，延缓上市进程。

投资者则更关注企业未来的赢利能力和增长潜力。如果企业不能清晰地阐述其业务的核心竞争力、市场定位和发展规划，难以让投资者看到明确的投资回报预期。

比如，一家新兴的互联网企业，其独特的业务模式在市场上尚未得到广泛理解。通过进一步清晰化业务流程、明确赢利途径，并提供详尽的市场分析和发展战略，成功获得了监管部门和投资者的认可。

"公司是否存在未解决的法律纠纷或潜在的法律风险，可能影响上市进程？" 法律纠纷和潜在风险是企业上市道路上的"拦路虎"。

未解决的法律诉讼，如合同纠纷、知识产权争议、劳动纠纷等，可能导致企业面临巨额赔偿、资产冻结等不利后果。潜在的法律风险，如环保违规、产品质量问题等，一旦爆发，也会给企业的声誉和财务状况带来严重影响。

例如，一家制造企业在上市前夕，被曝出存在环保违法问题，引发了社会关注和监管部门的介入，导致上市计划被迫推迟。企业只有及时解决现有纠纷，排查并化解潜在风险，才能为上市铺平道路。

"公司在信息披露方面是否存在不足或不规范的地方，能否满足上市的要求？" 准确、完整、及时的信息披露是上市公司的基本义务，也是保障投资者知情权的重要手段。

如果企业在信息披露方面存在漏洞，如重要信息隐瞒不报、虚假陈述、披露不及时等，不仅会违反上市规则，还可能引发投资者的信任危机。

比如，某公司在招股说明书中对关键技术的来源披露不清晰，导致投资者对其技术独立性产生怀疑，影响了上市进程。企业应建立健全信息披露制度，确保所披露的信息真实、准确、完整，符合上市的严格要求。

"市场环境的变化（如股市波动、行业竞争加剧等）对公司上市的影响如何？" 市场环境的变幻莫测给企业上市带来了不确定性。

股市的波动可能影响企业的发行定价和融资规模。在市场行情不佳时，企业可能面临发行价格低于预期，融资额减少的情况，影响企业的资金筹集和发展计划。

行业竞争的加剧可能导致企业市场份额下降、赢利能力受损，从而影响投资者对企业的估值和投资意愿。

例如，一家企业原计划上市时，所在行业突然出现多家竞争对手的强势扩张，市场竞争格局发生重大变化。企业需要及时调整上市策略，向投资者充分说明应对竞争的措施和未来发展的信心。

"公司内部团队在上市过程中的协作和沟通是否顺畅，能否高效应对各种问题？" 上市是一项系统工程，需要公司内部各个部门的紧密协作和高效沟通。

财务、法务、业务、行政等部门需要密切配合，共同完成招股说明书的编制、财务审计、法律尽职调查等工作。如果内部团队协作不畅，信息沟通不及时、不准确，可能导致工作重复、效率低下、失误增多，延误上市时机。

比如，在上市筹备过程中，财务部门与业务部门未能就某些财务数据的确认达成一致，导致招股说明书的编制工作陷入停滞。企业应加强内部团队的培训和协调，建立有效的沟通机制，确保在上市过程中形成合力。

综上所述，投资人关于公司在上市过程中可能面临的挑战和问题的提问，对于企业和投资者都具有至关重要的意义。

从企业内部管理的角度来看，回答这些问题有助于企业全面审视自身的财务、业务、法律、信息披露和内部管理等方面，发现潜在的问题和不足，提前制定应对策略，优化内部流程，提高团队协作能力。

在战略决策方面，对可能面临的挑战和问题的深入分析能够帮助企业合理调整上市计划和策略，把握上市时机，降低风险，提高上市的成功率。

对于投资者而言，了解企业在上市过程中的潜在风险和应对能力，有助于做出更明智的投资决策，评估投资的安全性和收益性。

因此，企业应当充分重视投资人的这些提问，将其作为上市筹备工作的重要指导。通过深入自查、完善制度、加强团队建设等措施，积极应对可能出现的挑战和问题。同时，加强与投资者的沟通，展示企业的应对能力和信心，增强投资者的信任。

在未来的上市道路上，企业只有未雨绸缪，勇于面对挑战，解决问题，才能顺利实现上市目标，在资本市场的舞台上绽放光芒，为企业和投资者创造更大的价值。

👤 融资者的解答

在财务状况方面，公司一直在不断规范和完善财务制度。对于可能存在的需要进一步规范和调整的地方，如会计政策的变更，我们会严格遵循相关会计准则，并在专业财务顾问的指导下进行审慎处理。在资产减值计提方面，会按照合理的方法和标准进行评估和计提，确保财务数据的准确性和可靠性。

公司的业务模式和赢利前景具有独特的竞争优势，但为了更好地得到监管部门和投资者的认可，我们也在不断进行清晰化和优化。通过进一步明确市场定位、拓展业务渠道、提升赢利能力等措施，增强市场对公司的信心。

目前，公司不存在未解决的重大法律纠纷。对于潜在的法律风险，我们已经进行了全面的排查和评估，并制定了相应的应对预案。同时，加强内部法律合规管理，确保公司运营符合法律法规要求，最大程度降低法律风险对上市进程的影响。

在信息披露方面，我们深知其重要性，并一直在努力改进和完善。目前虽然存在一些不足和不规范的地方，但我们已经制订了详细的改进计划，加强信息披露的准确性、完整性和及时性，以满足上市的严格要求。

市场环境的变化确实会对公司上市产生一定影响。股市波动可能影响公司的估值和融资规模，行业竞争加剧可能增加市场对公司业绩的期望。但我们会密切关注市场动态，制定灵活的应对策略，提升公司的抗风险能力和市场竞争力，以应对可能的不利影响。

公司内部团队在上市过程中一直保持着良好的协作和沟通。我们建立了有效的沟通机制和协调平台，各部门能够密切配合，高效应对各种问题。同时，我们也在不断加强团队的培训和教育，提高团队成员对上市工作的认识和应对能力。

第八篇
问道价值密钥

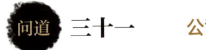

公司的估值是否合理?

- 与同行业可比公司相比,公司的市盈率、市净率、市销率等估值指标处于什么水平?

- 公司的估值是否充分考虑了其未来的业绩增长预期、行业竞争地位、技术创新能力等因素?

- 采用不同的估值方法(如现金流折现法、相对估值法等)对公司进行估值,结果是否差异较大?如果是,原因是什么?

- 公司近期是否有重大资产重组、并购等事项,对估值产生了怎样的影响?

- 行业的平均估值水平是否受到宏观经济、政策法规等因素的影响,这些因素对公司估值的传导机制是怎样的?

投资者的提问

当投资人提出关于公司估值是否合理的一系列问题时,这无疑是在引导企业深入思考自身的价值所在,也为企业的发展与运营指明了方向。

"与同行业可比公司相比，公司的市盈率、市净率、市销率等估值指标处于什么水平？"这一问题犹如一面镜子，让企业清晰地看到自己在行业中的位置。

市盈率反映了市场对公司赢利能力的预期，市净率体现了公司资产的价值，市销率则侧重于公司的销售规模和市场份额。与同行业可比公司进行比较，能够帮助企业了解自身在市场中的相对价值。

如果公司的估值指标显著高于同行业平均水平，可能意味着市场对其寄予了过高的期望，企业需要审视自身是否真的具备超越同行的赢利能力和增长潜力。反之，如果估值指标低于同行，企业则需要反思是自身经营存在问题，还是市场对其价值存在低估。

例如，在互联网行业中，一家新兴的社交平台公司的市盈率远高于同行业成熟企业。这可能是因为市场看好其未来的用户增长和赢利模式创新，但企业也需警惕增长不及预期带来的估值回调风险。

"公司的估值是否充分考虑了其未来的业绩增长预期、行业竞争地位、技术创新能力等因素？"企业的价值不仅仅取决于当前的财务状况，更在于其未来的发展潜力。

未来的业绩增长预期是估值的重要驱动因素。如果公司有明确的业务拓展计划、新产品研发项目或者市场扩张策略，且这些计划具有可行性和可持续性，那么其估值应充分反映这些增长潜力。

行业竞争地位决定了企业在市场中的话语权和赢利能力。处于行业领先地位的企业往往能够获得更高的估值，因为它们更有可能在竞争中胜出，获取更多的市场份额和利润。

技术创新能力是企业保持竞争力和实现持续增长的关键。具有强大技术创新能力的企业能够不断推出新产品、优化生产工艺、降低成本，从而提升自身的价值。

例如，一家生物医药公司凭借其领先的研发团队和丰富的研发管线，在估值时应充分考虑其未来可能推出的重磅新药带来的业绩爆发式增长。

"采用不同的估值方法（如现金流折现法、相对估值法等）对公司进行估值，结果是否差异较大？如果是，原因是什么？"不同的估值方法从不同角度评估企业的价值，但可能会得出不同的结果。

现金流折现法通过预测公司未来的现金流，并将其折现到当前，来确定公司的价值。这种方法更注重企业的内在价值和长期赢利能力。

相对估值法则是通过与同行业可比公司的估值指标进行比较来确定公司的价值。它更侧重于市场的相对定价。

如果两种方法得出的估值结果差异较大，可能是由于对公司未来现金流的预测不准确、可比公司选择不恰当、风险溢价设定不合理等原因。企业需要深入分析差异的原因，综合考虑各种因素，以得出更合理的估值。

比如，对于一家处于高速成长期的科技公司，现金流折现法可能给出较高的估值，因为其未来现金流增长潜力巨大；而相对估值法可能由于可比公司的局限性而给出较低的估值。此时，企业需要仔细评估两种方法的适用性和局限性。

"公司近期是否有重大资产重组、并购等事项，对估值产生了怎样的影响？" 重大资产重组和并购是企业发展中的重要战略举措，往往会对估值产生显著影响。

通过资产重组，企业可以优化资产结构、整合资源、实现协同效应，从而提升整体价值。并购则能够帮助企业快速进入新的市场领域、获取新技术或扩大市场份额。

然而，如果重组或并购未能达到预期效果，如整合困难、文化冲突、财务负担加重等，也可能对估值产生负面影响。

例如，一家传统制造业公司通过并购一家高科技企业，实现了产业升级和业务拓展。如果整合顺利，市场通常会给予更高的估值；反之，如果整合过程中出现诸多问题，估值可能会受到打压。

"行业的平均估值水平是否受到宏观经济、政策法规等因素的影响，这些因素对公司估值的传导机制是怎样的？"

宏观经济环境和政策法规是企业发展的大背景，对行业的平均估值水平有着深远的影响。

在经济繁荣期，市场需求旺盛，企业赢利能力增强，行业整体估值水平往往较高；经济衰退期则相反。政策法规的变化，如税收优惠政策、产业扶持政策、反垄断法规等，也会影响企业的经营成本、市场竞争格局和发展前景，进而传导至估值。

例如，国家出台对新能源产业的扶持政策，会提升整个新能源行业的估值水平。处于该行业的公司，其估值也会相应受到积极影响。

综上所述，投资人关于公司估值是否合理的提问，对于企业和投资者都具有极其重要的意义。

从企业内部管理的角度来看，思考这些问题有助于企业更准确地评估自身价值，发现经营中的优势和不足，制定合理的发展战略和财务规划。

在战略决策方面，对估值的深入理解能够帮助企业把握市场时机，进行合理的融资、投资和并购活动，优化资源配置，提升企业的竞争力。

对于投资者而言，企业的合理估值是投资决策的重要依据。一个估值合理、具有增长潜力的企业，更有可能为投资者带来丰厚的回报。

因此，企业应当高度重视投资人的这些提问，将其作为反思和改进自身价值创造能力的重要契机。不断提升业绩表现，增强核心竞争力，加强与市场的沟通，使企业的估值能够真实反映其内在价值。

在未来的发展道路上，企业只有准确把握自身估值，合理规划发展战略，才能在市场的浪潮中稳健前行，实现可持续的发展和价值最大化。

👤 融资者的解答

与同行业可比公司相比，公司的市盈率、市净率、市销率等估值指标处于合理范围内。通过详细的对比分析，我们发现公司在某些方面的表现优于同行业平均水平，从而支撑了当前的估值。

公司的估值充分考虑了未来的业绩增长预期、行业竞争地位和技术创新能力等关键因素。基于对市场的深入调研和公司发展规划，我们对未来业绩增长有着明确且合理的预测，并结合在行业中的竞争优势以及持续的技术创新投入，为估值提供了坚实的基础。

采用不同的估值方法对公司进行估值，结果存在一定差异。例如，现金流折现法更侧重于对未来现金流的预测和折现，相对估值法则更多参考同行业可比公司的指标。差异产

生的原因主要在于不同方法对公司未来发展和市场环境的假
设不同，但综合来看，各种方法得出的估值结果在一定程度
上相互印证，进一步验证了公司估值的合理性。

公司近期没有重大资产重组、并购等事项。但我们会
持续关注市场机会，若有相关计划，会严格按照相关法规进
行，并充分评估其对估值的影响。

行业的平均估值水平确实受到宏观经济、政策法规等
因素的影响。宏观经济的增长或衰退会直接影响市场的整体
风险偏好和资金流动性，从而影响估值水平。政策法规的变
化，如行业支持政策或监管加强，会改变行业的发展前景和
竞争格局，进而传导至公司的估值。对我们公司而言，宏观
经济的稳定增长和有利的行业政策将有助于提升公司的估
值，反之则可能带来一定压力。但公司凭借自身的核心竞争
力和灵活的应对策略，能够在不同的环境中保持相对稳定的
价值。

问道 三十二　预期的投资回报率是多少?

- 公司未来几年的业绩增长预测是基于什么假设和数据? 这些假设是否合理和保守?
- 公司的分红政策是否稳定且具有吸引力, 股息率在同行业中处于什么水平?
- 考虑到公司的再融资计划 (如增发、配股等) 对股权的稀释作用, 对投资回报率有何影响?
- 投资回报率是否考虑了货币的时间价值和风险溢价?
- 公司所处行业的平均投资回报率是多少? 公司能否超越行业平均水平?

👤 投资者的提问

当投资人提出关于预期投资回报率的一系列问题时, 这无疑是在促使企业深入思考自身的价值创造能力和对投资者的回报承诺。

"公司未来几年的业绩增长预测是基于什么假设和数据?

这些假设是否合理和保守？"公司的业绩增长预测是预期投资回报率的基石。

这些预测通常基于一系列的假设，如市场需求的增长、新产品的推出、成本的控制、市场份额的扩大等。而支撑这些假设的数据来源可能包括市场调研、行业报告、公司的历史经营数据等。

然而，假设的合理性和保守程度至关重要。如果假设过于乐观，可能导致对未来业绩的过高估计，给投资者带来虚假的希望；如果过于保守，又可能低估公司的潜力，错失发展机遇。

例如，一家新能源汽车公司预测未来几年的业绩增长，假设基于对市场需求的快速增长和自身技术优势的充分发挥。但如果市场需求受到宏观经济波动的影响不如预期，或者技术研发遇到瓶颈，那么当初的假设就可能不合理。

"公司的分红政策是否稳定且具有吸引力，股息率在同行业中处于什么水平？"分红政策直接关系到投资者的现金回报。

稳定的分红政策能够给投资者带来确定性和安全感，尤其是对于那些追求稳定收益的投资者。具有吸引力的分红意味着较高的股息率，能够增加股票的投资价值。

与同行业相比，公司的股息率水平反映了其在回报投资者方面的竞争力。如果股息率过低，可能难以吸引投资者，尤其是在行业内其他公司能够提供更高分红的情况下。

比如，在银行业中，一家银行始终保持稳定且较高的分红比例，其股息率在同行业中处于领先地位，这将吸引众多价值投资者的青睐。

"考虑到公司的再融资计划（如增发、配股等）对股权的稀释作用，对投资回报率有何影响？"再融资计划在企业发展过程中有时不可避免，但会对现有股东的权益产生影响。

增发或配股会增加公司的股本，从而稀释原股东的股权比例。如果再融资所筹集的资金能够有效地投入到高回报的项目中，推动公司业绩增长，那么可能会抵消股权稀释的负面影响，提高投资回报率。

但如果再融资后的资金使用效率低下，未能带来预期的收益增长，那么股权稀释将直接降低每股收益，从而影响投资回报率。

例如，一家科技公司为了扩大研发和生产规模进行增发，若新资金能够成功推动公司技术突破和市场拓展，实现业绩大幅增长，股东可能会受益；反之，如果项目进展不顺，投资回报率将受到损害。

"投资回报率是否考虑了货币的时间价值和风险溢价？"货币的时间价值意味着相同金额的资金在不同时间点具有不同的价值。

在计算投资回报率时，必须考虑资金投入和回报的时间分布，以反映资金的机会成本。同时，风险溢价反映了投资所面临的不确定性和风险程度。

高风险的投资通常需要更高的回报率来补偿投资者承担的风险。如果投资回报率没有充分考虑货币的时间价值和风险溢价，就无法真实反映投资的实际收益和风险水平。

比如，投资一个初创企业，由于其面临的不确定性较大，需要在预期回报率中包含较高的风险溢价，以弥补可能的损失。

"公司所处行业的平均投资回报率是多少？公司能否超越行业平均水平？"了解行业平均投资回报率为评估公司的表现提供了重要的参考基准。

如果公司所处行业的平均投资回报率较高，说明行业具有较好的赢利前景；反之，则意味着行业竞争激烈或存在一些限制因素。

公司要超越行业平均水平，需要具备独特的竞争优势，如创新的产品或服务、高效的运营管理、领先的技术等。能够超越行业平均回报率的公司往往能够为投资者创造更多的价值。

综上所述，投资人关于预期投资回报率的提问，对于企业和投资者都具有至关重要的意义。

从企业内部管理的角度来看，回答这些问题有助于企业制订合理的发展战略和经营计划。促使企业更加注重业绩的增长和赢利能力的提升，优化资源配置，提高资金使用效率。

在财务管理方面，对投资回报率的深入思考能够帮助企业制定恰当的融资策略和分红政策，平衡股东利益和企业发展需求。

对于投资者而言，明确的预期投资回报率是做出投资决策的关键依据。一个能够提供具有吸引力的预期回报率，并能够合理阐述实现途径的企业，更有可能获得投资者的信任和资金支持。

因此，企业应当充分重视投资人的这些提问，将其作为提升自身价值和回报投资者的动力。通过不断创新、优化管理、加强风险控制，努力实现高于行业平均水平的投资回报率。

在未来的商业征程中，企业只有紧紧围绕预期投资回报率这一核心目标，不断进取，才能在激烈的市场竞争中脱颖而出，为股东和社会创造更大的财富。

融资者的解答

公司未来几年的业绩增长预测是基于一系列假设和数

据。这些假设包括市场需求的增长、新产品的推出、市场份额的扩大、成本控制的成效等。我们在制定假设时进行了深入的市场调研和分析，参考了行业权威报告、历史经营数据以及对未来市场趋势的合理判断，并且采取了相对保守的态度，以确保预测的可靠性和可持续性。

公司的分红政策稳定，旨在平衡公司的发展需求和股东的回报。我们会根据公司的盈利状况和资金需求，合理制定分红方案。与同行业相比，股息率处于具有吸引力的水平。

关于公司的再融资计划，如果有必要实施增发或配股等方式，虽然会在短期内对股权产生一定的稀释作用，但所募集的资金将用于支持公司的战略发展项目，有望带来更大的业绩增长，从而在长期提升投资回报率。

在计算预期投资回报率时，充分考虑了货币的时间价值和风险溢价。通过使用合理的折现率来反映资金的时间成本，并根据公司的风险特征调整回报率预期，以提供一个更真实、全面的投资回报评估。

公司所处行业的平均投资回报率会因市场动态和行业发展阶段而有所变化。但我们有信心凭借公司的独特竞争优势、创新能力和高效的运营管理，超越行业平均水平，为投资者带来更丰厚的回报。这包括我们在技术研发、市场拓展、成本优化等方面的持续努力，以及对行业趋势的敏锐把握和快速响应。

投资的退出机制和时间周期如何?

- 公司是否有明确的上市计划或被并购的可能性,预计的时间节点是多久?

- 如果通过股权转让退出,公司的股权流动性如何,是否有活跃的交易市场?

- 公司是否有回购投资者股权的安排?回购的条件和价格如何确定?

- 投资退出时可能面临的税费和交易成本有多少?

- 宏观经济环境和资本市场的变化对投资退出的时间周期和方式有何影响?

👤 投资者的提问

当投资人提出关于投资的退出机制和时间周期的一系列问题时,这无疑是在为企业和投资者绘制一幅清晰的路线图,引导他们做出明智的决策。

"公司是否有明确的上市计划或被并购的可能性,预计的时间节点是多久？"上市或被并购是许多投资者实现投资回报的重要途径。

明确的上市计划能够为投资者提供一个清晰的目标和时间预期。企业需要综合考虑自身的发展阶段、财务状况、市场环境等因素，制定合理的上市时间表。如果预计的时间节点过于遥远，可能会让投资者失去耐心；而过于仓促则可能导致准备不充分，影响上市的效果。

被并购的可能性也是投资退出的一种方式。企业所处的行业整合趋势、自身的竞争优势以及潜在收购方的兴趣等，都会影响被并购的可能性和时间。例如，一家新兴的科技企业，如果在行业中具有独特的技术和市场份额，可能会吸引大型企业的并购兴趣。但具体的时间往往难以精确预测，需要企业保持敏锐的市场洞察力和良好的沟通渠道。

"如果通过股权转让退出，公司的股权流动性如何，是否有活跃的交易市场？"股权流动性是股权转让能否顺利实现的重要因素。

一个具有高流动性的股权市场，能够让投资者在需要退出时迅速找到买家，实现资金的回笼。相反，如果股权流动性差，交易市场不活跃，投资者可能会面临难以找到合适买家或者被迫以低价出售股权的困境。

企业的规模、行业知名度、财务状况等都会影响其股权的流动性。例如，大型成熟企业的股权通常比小型初创企业更具流动性，在热门行业中的企业股权可能比冷门行业更受市场关注。

"公司是否有回购投资者股权的安排？回购的条件和价格如何确定？"公司回购股权是一种特殊的退出方式。

当企业有充足的资金并且认为回购股权对公司有利时，可能会选择回购投资者的股权。回购条件通常包括回购的触发事件，如一定期限届满、公司业绩达到特定指标等。回购价格的确定方法也多种多样，可能基于股权的评估价值、原始投资成本加上一定的回报等。

例如，一家稳定盈利的企业与投资者约定，在投资满五年后，如果企业的净利润连续三年增长超过一定比例，将以一定的溢价回购投资者的股权。

"投资退出时可能面临的税费和交易成本有多少？"税费和交易成本是投资退出时不可忽视的因素，它们会直接影响投资者的实际收益。

税费包括所得税、资本利得税等，其金额取决于投资收益的大小和相关税收政策。交易成本则包括手续费、佣金、资产评估费等。企业和投资者需要提前了解并准确计算这些费用，以便在投资决策中充分考虑其影响。

比如，在股权转让过程中，投资者可能需要支付高额的中介机构费用和税费，如果事先没有充分估计，可能会导致实际收益大打折扣。

"**宏观经济环境和资本市场的变化对投资退出的时间周期和方式有何影响？**"宏观经济环境和资本市场的波动具有不确定性，但却对投资退出产生深远影响。

在经济繁荣期，资本市场活跃，企业估值较高，投资退出可能更容易获得较高的回报和更快捷的方式。相反，在经济衰退或资本市场低迷时，投资退出可能会面临困难，时间周期延长，退出价格也可能受到压制。

例如，在金融危机期间，资本市场大幅下跌，企业估值普遍降低，原本计划上市退出的企业可能不得不推迟上市计划，或者寻求其他退出方式。

综上所述，投资人关于投资的退出机制和时间周期的提问，对于企业和投资者都具有极其重要的意义。

从企业内部管理的角度来看，思考这些问题有助于企业提前规划资本运作策略，优化股权结构，提高企业的吸引力和价值。同时，能够帮助企业更好地与投资者沟通，增强投资者的信心和合作意愿。

在战略决策方面，对投资退出的深入理解能够让企业在制定发展战略时充分考虑投资者的利益和市场的变化，合理安排融资和扩张计划，确保企业的发展与投资者的期望相匹配。

对于投资者而言，清晰的退出机制和合理的时间周期预测是评估投资风险和回报的关键因素。一个具有明确、可行退出路径的投资项目，更能吸引投资者的资金投入，并为投资者提供稳定的预期和灵活的选择。

因此，企业应当高度重视投资人的这些提问，将其作为完善自身资本战略和投资者关系管理的重要契机。通过制定合理的退出策略、优化企业治理、加强市场监测，为投资者创造良好的退出条件。

在未来的投资之旅中，企业只有与投资者共同明晰退出机制，合理规划时间周期，才能在充满变数的市场中携手共进，实现共赢的发展局面。

融资者的解答

公司有明确的发展规划，包括上市计划或者被并购的可能性。目前预计，如果选择上市，在（预计时间范围）内有望达成这一目标；若考虑被并购，我们也在积极与潜在的战略投资者保持沟通，具体时间节点会根据市场情况和公司发展进程而定。

关于股权转让退出，公司的股权流动性较好。随着公司业务的发展和市场知名度的提升，我们预期会吸引更多的投资者关注，形成相对活跃的交易市场。

公司有回购投资者股权的安排。回购的条件通常会基于公司的财务状况、业绩表现以及双方事先约定的条款。回购价格将参考公司的估值、财务指标以及市场情况等因素，通过公平合理的方式确定。

投资退出时可能面临的税费和交易成本会受到相关法律法规和市场惯例的影响。我们会在退出时，按照规定合理计算并承担相应的税费，交易成本也会根据具体的退出方式和交易规模有所不同，但我们会提前做好评估和规划，以最大程度减少对投资回报的影响。

宏观经济环境和资本市场的变化确实会对投资退出的时间周期和方式产生影响。在经济繁荣、资本市场活跃时，投资退出可能更容易实现，时间周期可能缩短，方式也可能更加多样化；反之，在经济低迷或资本市场不稳定时，可能需要更长时间寻找合适的退出机会，并调整退出方式。但我们会密切关注宏观经济和资本市场的动态，灵活调整策略，以保障投资者的利益。

公司的成长性和赢利能力
对投资回报的影响如何？

- 公司所处行业的成长空间有多大，公司在行业中的市场份额增长潜力如何？

- 公司的新产品研发、市场拓展、成本控制等措施对其未来赢利能力的提升作用有多大？

- 公司的赢利能力是否具有可持续性，是否受到原材料价格波动、市场竞争加剧等因素的影响？

- 公司的盈利质量如何，如净利润的现金含量、应收账款周转情况等？

- 公司的成长性和赢利能力在不同的经济周期和市场环境下的表现如何？

👤 投资者的提问

当投资人提出关于公司的成长性和赢利能力对投资回报影响的一系列问题时，这无疑是在为企业敲响了警钟，促使其深入反思，挖掘潜力，以实现可持续的发展和丰厚的投资回报。

"**公司所处行业的成长空间有多大，公司在行业中的市场份额增长潜力如何？**"行业的成长空间是企业发展的广阔天地，决定了企业所能触及的上限。

一个处于朝阳行业的公司，往往拥有更多的机会和潜力。例如，随着新能源汽车行业的迅速崛起，相关企业面临着巨大的市场需求和发展机遇。

而公司在行业中的市场份额增长潜力，则取决于其自身的竞争力和战略布局。如果公司能够凭借独特的产品或服务、卓越的营销策略、高效的运营管理等优势，在激烈的市场竞争中脱颖而出，不断扩大市场份额，其投资价值也将随之提升。

反之，如果公司所处行业增长乏力，或者在行业中竞争优势不明显，市场份额难以提升，那么投资回报的前景可能就较为黯淡。

"**公司的新产品研发、市场拓展、成本控制等措施对其未来赢利能力的提升作用有多大？**"这些措施是企业实现赢利增长的重要引擎。

新产品研发能够满足市场不断变化的需求，开拓新的利润增长点。如果公司能够持续推出具有创新性和竞争力的产品，就能够吸引更多的客户，提高产品附加值，从而提升赢利能力。

市场拓展有助于扩大销售渠道和客户群体，增加销售收入。有效的市场拓展策略可以让公司进入新的地域市场或细分市场，挖掘潜在的消费需求。

成本控制则能够降低生产和运营成本，提高企业的利润率。通过优化供应链管理、提高生产效率、降低管理费用等手段，公司可以在保持产品质量和服务水平的前提下，实现成本的降低，从而增强赢利能力。

例如，一家科技公司不断投入研发，推出引领市场潮流的新产品，同时积极拓展国际市场，并实施精细化的成本控制，其赢利能力有望实现显著提升。

"公司的赢利能力是否具有可持续性，是否受到原材料价格波动、市场竞争加剧等因素的影响？"赢利能力的可持续性是投资回报的关键保障。

原材料价格波动可能会增加企业的生产成本，如果公司无法通过有效的成本管理或产品价格调整来应对，赢利能力将受到冲击。

市场竞争加剧可能导致产品价格下降、市场份额被挤压，如果公司缺乏创新能力和差异化竞争优势，长期赢利能力将面临挑战。

然而，一些具有强大品牌影响力、技术壁垒、规模经济优势的公司，能够在面对这些不利因素时，通过调整经营策略、优化产品结构等方式，保持赢利能力的稳定和增长。

"公司的盈利质量如何，如净利润的现金含量、应收账

揭秘投资人看项目的底层逻辑

款周转情况等？" 盈利质量反映了企业赢利的真实性和可靠性。

净利润的现金含量高，意味着企业的盈利有充足的现金支持，财务状况较为健康。如果净利润主要来自应收账款等非现金项目，可能存在坏账风险，盈利质量就值得担忧。

应收账款周转情况良好，说明企业能够及时收回销售款项，资金使用效率高。反之，应收账款周转缓慢，不仅占用企业资金，还可能增加坏账损失的风险。

例如，一家企业虽然净利润较高，但大部分是应收账款，且账期较长，这可能意味着其盈利质量不佳，实际的投资回报可能低于预期。

"公司的成长性和赢利能力在不同的经济周期和市场环境下的表现如何？" 企业在各种经济和市场条件下的适应性和韧性是评估其投资价值的重要考量。

在经济繁荣期，大多数企业都能受益于市场需求的增长和良好的经济环境，但那些能够超越平均水平增长、保持高盈利的企业往往具有更强的竞争力。

在经济衰退期，企业面临市场需求萎缩、竞争加剧等压力，此时能够保持稳定的赢利能力，甚至逆势增长的企业，通常具备出色的风险管理能力和战略灵活性。

例如，在金融危机期间，一些具有稳健财务状况和多元化业务布局的企业能够迅速调整策略，削减成本，拓展新的市场，从而在逆境中保持盈利；而那些过度依赖单一市场或产品的企业则可能陷入困境。

综上所述，投资人关于公司的成长性和赢利能力对投资回报影响的提问，对于企业和投资者都具有至关重要的意义。

从企业内部管理的角度来看，深入思考这些问题有助于企业明确发展方向，制定科学合理的战略规划。促使企业加大研发投入，提升创新能力，积极拓展市场，加强成本控制，优化盈利结构，提高盈利质量，增强应对经济周期和市场变化的能力。

在资源配置方面，对成长性和赢利能力的评估能够帮助企业合理分配资金、人力等资源，集中优势资源发展核心业务，提高企业的整体效益和竞争力。

对于投资者而言，准确把握企业的成长性和赢利能力是做出投资决策的核心依据。一个具有良好成长性和持续赢利能力的企业，能够为投资者带来稳定的投资回报和资产增值。

因此，企业应当充分重视投资人的这些提问，将其作为改进自身经营管理、提升投资价值的重要契机。不断优化业务结构，提升核心竞争力，加强风险管理，以实现可持续的成长和盈利。

在未来的商业征程中，企业只有持续关注成长性和赢利能力，不断适应市场变化，才能在激烈的竞争中立于不败之地，为投资者创造卓越的投资回报，实现企业与投资者的共赢。

👤 融资者的解答

公司所处行业具有广阔的成长空间。随着（行业发展趋势和驱动因素），预计未来市场规模将持续扩大。公司在行业中的市场份额增长潜力巨大，凭借（公司的竞争优势和独特卖点），我们有信心逐步提高市场份额。

公司的新产品研发、市场拓展和成本控制等措施将对未来赢利能力产生显著的提升作用。新产品研发能够满足市场不断变化的需求，开拓新的利润增长点；市场拓展有助于扩大客户群体和销售规模；成本控制能够提高运营效率，增加利润空间。

公司的赢利能力具有较强的可持续性。虽然原材料价格波动和市场竞争加剧等因素可能带来一定影响，但我们通过（应对策略，如优化供应链管理、加强品牌建设、提升产品差异化等），能够有效降低这些不利因素的冲击，保持盈利的稳定增长。

公司的盈利质量良好。净利润的现金含量较高，表明盈利具有较高的现金保障。应收账款周转情况健康，资金回笼速度快，减少了坏账风险，保证了公司资金的正常流转。

在不同的经济周期和市场环境下，公司的成长性和赢利能力表现出一定的韧性。在经济繁荣期，能够充分抓住市场机遇，实现快速增长；在经济低迷期，通过灵活调整经营策略、优化产品结构和控制成本，保持相对稳定的赢利能力。同时，我们持续关注市场变化，提前做好应对预案，以降低不利环境对公司的影响。

问道 三十五　市场情绪和宏观经济因素
对公司估值的影响如何？

- 市场整体的风险偏好（如牛市或熊市）对公司估值的溢价或折价程度有多大？
- 宏观经济的增长速度、通货膨胀水平、利率政策等对公司所在行业和公司估值的影响机制是怎样的？
- 政策法规的变化（如产业政策、税收政策）对公司估值的短期和长期影响如何？
- 国际经济形势和贸易摩擦等外部因素对公司估值的传导途径是什么？
- 突发事件（如自然灾害、公共卫生事件）对市场情绪和公司估值的冲击有多大？

🧑 投资者的提问

当投资人提出关于这些因素对公司估值影响的一系列问题时，无疑是在为企业开启了一扇洞察全局的窗口，促使企业家们深思熟虑，以更精准地把握企业的价值走向。

"市场整体的风险偏好（如牛市或熊市）对公司估值的溢价或折价程度有多大？"市场的风险偏好就像一阵无形的风，推动着公司估值的起伏。

在牛市中，投资者情绪乐观，风险承受能力增强，资金涌入市场，往往会给予公司更高的估值溢价。这是因为投资者对未来的收益预期较高，愿意为股票支付更高的价格。此时，即使公司的基本面没有显著变化，其估值也可能大幅上升。

相反，在熊市中，市场弥漫着悲观情绪，投资者变得谨慎，风险厌恶程度上升，资金纷纷撤离。此时，公司估值容易受到折价，即使业绩良好，也可能难以获得市场的高估值。

例如，一家科技公司在牛市中可能因其行业的高增长预期和市场的乐观氛围，估值被推升至远超其实际业绩支撑的水平；而在熊市中，即使公司持续赢利，其估值也可能因市场整体的悲观情绪而大幅下滑。

"宏观经济的增长速度、通货膨胀水平、利率政策等对公司所在行业和公司估值的影响机制是怎样的？"宏观经济的各项指标就如同企业发展的大气候，深刻影响着公司的生存环境和估值水平。

经济增长速度直接关系到市场的需求规模和企业的赢利前景。当经济高速增长时，消费和投资需求旺盛，公司产

品或服务的市场空间扩大，业绩有望提升，从而推动估值
上升。

通货膨胀水平会影响企业的成本和价格，进而影响赢利
能力。温和的通货膨胀可能有助于提高企业的销售收入，但
过高的通货膨胀可能导致成本急剧上升，压缩利润空间，对
估值产生负面影响。

利率政策则通过影响资金成本来左右企业的融资和投资
决策。低利率环境下，企业融资成本降低，有利于扩大生产
和投资，提升未来的盈利预期，从而对估值产生积极作用；
高利率则会增加企业负担，抑制投资和扩张，可能导致估值
下降。

以房地产行业为例，经济增长带来的居民收入增加和城
市化进程加快，会刺激购房需求，推动房地产企业的业绩增
长和估值提升；而通货膨胀导致的建筑材料价格上涨和利率
上升带来的融资成本增加，可能会对房地产企业的利润和估
值造成压力。

"政策法规的变化（如产业政策、税收政策）对公司估
值的短期和长期影响如何？"政策法规的调整就像指挥棒，
引导着企业的发展方向和市场的资源配置，从而对公司估值
产生深远影响。

产业政策的支持或限制会直接改变公司所在行业的发展
前景。例如，政府对新兴产业的扶持政策，如补贴、优惠贷

款等，可能会促使相关企业迅速发展，市场对其未来业绩充满期待，从而短期内提升估值；从长期看，也可能促使企业形成核心竞争力，实现持续增长，巩固高估值。

税收政策的变化则直接影响企业的利润水平。减税政策可以增加企业的税后利润，提升估值；增税则可能减少利润，对估值产生抑制作用。

比如，政府对新能源产业出台了一系列补贴和税收优惠政策，使得新能源企业在短期内获得资金支持，估值上升；长期来看，这些政策有助于企业扩大规模、降低成本，进一步提升市场竞争力和估值水平。

"国际经济形势和贸易摩擦等外部因素对公司估值的传导途径是什么？"在全球化的时代，国际经济形势和贸易摩擦如同海上的风暴，通过多种渠道冲击着公司的估值。

国际经济形势的波动，如其他国家的经济衰退、汇率变动等，会影响公司的出口业务、海外资产价值和国际竞争力。贸易摩擦可能导致关税增加、贸易壁垒升高，使公司的进出口业务受阻，成本上升，市场份额下降，进而影响盈利预期和估值。

一家依赖出口的制造企业，如果主要出口国经济衰退或对其产品加征高额关税，可能导致订单减少、收入下滑，从而对公司的估值产生负面影响；反之，若国际经济形势好转，贸易环境改善，公司估值则可能随之提升。

"**突发事件（如自然灾害、公共卫生事件）对市场情绪和公司估值的冲击有多大？**"突发事件犹如突如其来的地震，瞬间打破市场的平静，对公司估值产生剧烈冲击。

自然灾害可能破坏企业的生产设施、供应链，导致生产中断、成本上升；公共卫生事件则可能限制人员流动和消费活动，影响公司的销售收入。这些事件不仅直接损害企业的短期业绩，还会引发市场恐慌情绪，投资者纷纷抛售股票，导致公司估值大幅下跌。

然而，在某些情况下，突发事件也可能为一些企业带来机遇，如医疗、在线办公等行业在公共卫生事件期间需求激增，其估值可能反而上升。

综上所述，投资人关于市场情绪和宏观经济因素对公司估值影响的提问，对于企业和投资者都具有极其重要的意义。

从企业内部管理的角度来看，深入思考这些问题有助于企业增强宏观意识和风险意识，提前制定应对策略。企业可以根据市场和宏观经济的变化，调整经营策略、优化财务结构、合理安排投资和融资，以降低不利因素的影响，抓住有利机遇。

在战略决策方面，对这些外部因素的准确把握能够帮助企业更好地规划长期发展战略，选择合适的投资项目和业务领域，提高战略决策的科学性和前瞻性。

对于投资者而言，了解市场情绪和宏观经济因素对公司估值的影响，能够更准确地评估投资风险和回报，做出合理的投资决策。避免盲目跟风市场情绪，而是基于对宏观经济和企业基本面的综合分析，选择具有投资价值的企业。

因此，企业应当高度重视投资人的这些提问，将其作为审视自身和适应市场变化的重要依据。建立宏观经济和市场监测机制，加强对政策法规的研究和应对，提高企业的抗风险能力和应变能力。

在未来的发展道路上，企业只有敏锐洞察市场情绪和宏观经济的变化，积极应对各种挑战和机遇，才能实现估值的稳定增长，为股东和社会创造更大的价值。

融资者的解答

市场整体的风险偏好对公司估值存在显著影响。在牛市中，投资者风险承受能力较高，公司估值可能获得较大溢价；而在熊市中，风险偏好降低，公司估值可能出现折价。但具体的溢价或折价程度会因公司的基本面、行业地位等因素而有所不同。对于我们公司而言，由于（阐述公司的优势和稳定性因素），预计受到的影响相对可控。

宏观经济的增长速度直接关系到市场的消费需求和企业

的投资意愿。当经济增长较快时，公司所在行业通常会迎来更多的发展机会，需求增加，从而提升公司估值。通货膨胀水平会影响公司的成本和售价，进而影响利润，进而影响估值。利率政策的调整会改变资金成本，影响企业的融资和投资决策，从而对估值产生作用。

政策法规的变化对公司估值具有重要影响。短期来看，产业政策的支持或调整可能导致市场对公司的预期迅速改变，影响股价波动。长期而言，税收政策的变化会直接影响公司的利润水平，进而影响估值的基础。例如，产业政策鼓励我们所在的行业发展，将有助于公司获得更多资源和市场机会，提升长期估值。

国际经济形势和贸易摩擦等外部因素可能通过影响公司的进出口业务、供应链稳定性、市场竞争格局等途径对公司估值产生传导。如果公司在国际市场有业务布局，贸易摩擦可能导致关税增加、市场准入受限，从而对业绩产生不利影响，进而影响估值。

突发事件如自然灾害、公共卫生事件会对市场情绪产生较大冲击。短期内可能导致市场恐慌，投资者对风险的厌恶增加，公司估值可能下跌。但对于我们公司，会通过（说明公司的应对措施和抗风险能力），降低此类事件对公司长期估值的负面影响。同时，突发事件也可能带来新的市场需求和发展机遇，公司会积极把握。

 三十六   投资决策的风险和收益比是否可接受?

- 对公司可能面临的各种风险(如市场风险、经营风险、财务风险等)进行量化评估,风险发生的概率和损失程度有多大?

- 预期的投资收益是否足以覆盖可能的风险损失,风险调整后的投资回报率是否满足投资目标?

- 在不同的风险情景下,投资组合的表现如何,是否具有足够的抗风险能力?

- 投资决策是否符合个人或机构的风险承受能力和投资策略?

- 随着投资过程的推进,如何动态评估风险和收益比,并及时调整投资决策?

🧑‍💼 投资者的提问

当投资人提出关于投资决策的风险和收益比是否可接受的一系列问题时,这无疑是在为企业和投资者点亮一盏智慧之灯,引导他们在充满不确定性的道路上做出明智的选择。

"对公司可能面临的各种风险（如市场风险、经营风险、财务风险等）进行量化评估，风险发生的概率和损失程度有多大？"准确量化风险是投资决策的基石。

市场风险犹如汹涌的海浪，可能由市场需求的波动、竞争对手的举动、行业趋势的转变等因素引发。通过对市场历史数据的分析、行业研究以及市场调研，可以估算出市场风险发生的概率和可能带来的损失。

经营风险如同暗礁，可能源自企业的管理水平、供应链问题、产品质量事故等内部因素。评估企业的运营流程、管理团队的能力、供应商的稳定性等方面，能够大致判断经营风险的可能性和潜在损失。

财务风险则像旋涡，可能是债务过高、资金流动性不足、汇率波动等导致。分析企业的资产负债表、现金流量表，以及对宏观经济中利率、汇率等变化的预测，可以预估财务风险的爆发概率和损失规模。

例如，一家新兴的电商企业，面临着市场份额被竞争对手抢占的风险。通过对市场竞争格局的研究和对手策略的分析，估计这种风险发生的概率为30%，若发生，可能导致公司年度销售额下降20%。

"预期的投资收益是否足以覆盖可能的风险损失，风险调整后的投资回报率是否满足投资目标？"这是判断投资决策合理性的核心标准。

预期投资收益是投资的诱人果实，但必须与潜在的风险损失相权衡。如果预期收益仅仅略高于可能的风险损失，那么这样的投资决策可能过于冒险；只有当预期收益显著超过风险损失，并且经过风险调整后的投资回报率能够达到或超越投资目标时，投资才具有吸引力。

例如，一项投资预计能带来 20% 的年化收益，但可能面临 15% 的损失风险。经过风险调整后，如果投资回报率仍能满足投资者期望的 12% 以上的年化收益，那么这可能是一个可接受的投资决策。

"在不同的风险情景下，投资组合的表现如何，是否具有足够的抗风险能力？" 投资组合就像一艘船的结构，其稳定性在风浪中至关重要。

通过模拟各种极端风险情景，如市场崩溃、行业危机、企业重大经营失误等，可以检验投资组合在压力下的表现。一个良好的投资组合应当在大部分风险情景下，都能保持相对稳定的价值，不至于遭受毁灭性的损失。

比如，一个包含多种资产类别（股票、债券、房地产等）的投资组合，在股票市场暴跌的情况下，债券和房地产的相对稳定表现能够起到一定的缓冲作用，减少整体投资组合的损失。

"投资决策是否符合个人或机构的风险承受能力和投资策略？" 每个投资者都有自己独特的风险偏好和投资目标。

对于风险承受能力较低的个人或机构，过于激进的投资决策可能导致心理压力过大和财务困境；而对于追求高风险高回报的投资者，过于保守的决策可能无法实现资产的快速增值。投资决策必须与投资者的风险承受能力和既定的投资策略相匹配。

例如，一位即将退休的投资者，风险承受能力较弱，更适合选择稳健的投资组合，如以债券为主，少量配置蓝筹股；而一家风险投资机构，追求高额回报，可能会将大部分资金投入初创企业等高风险高潜力的项目。

"随着投资过程的推进，如何动态评估风险和收益比，并及时调整投资决策？" 投资并非一锤子买卖，市场和企业情况不断变化，需要持续的监测和调整。

定期重新评估风险因素的变化，如市场环境的转变、企业战略的调整、宏观政策的变动等，以及相应地重新计算预期收益。根据新的风险收益比，及时调整投资的仓位、资产配置或者甚至退出投资。

例如，在投资一家企业的过程中，发现其市场份额下滑速度超出预期，新的竞争对手强势崛起，此时就需要重新评估投资的风险和收益，可能选择减少投资或者提前退出。

综上所述，投资人关于投资决策的风险和收益比是否可接受的提问，对于企业和投资者都具有至关重要的意义。

从企业内部管理的角度来看，深入思考这些问题有助于企业在进行投资项目选择和资源配置时更加谨慎和科学。促使企业建立完善的风险评估体系，加强对投资项目的全程监控，提高决策的准确性和灵活性。

在战略规划方面，对风险和收益的综合考量能够帮助企业制定更符合自身实力和市场环境的投资战略，避免盲目扩张和过度冒险，实现稳健、可持续的发展。

对于投资者而言，清晰地认识投资决策中的风险和收益关系，能够使其更加理性地做出投资选择，避免被短期的高收益诱惑而忽视潜在的巨大风险。同时，有助于投资者根据自身的财务状况和投资目标，构建合理的投资组合，实现资产的保值增值。

因此，企业应当高度重视投资人的这些提问，将风险和收益的权衡融入企业文化和决策流程中。不断提升团队的风险评估能力和投资决策水平，以应对复杂多变的投资环境。

在未来的投资之旅中，企业只有始终保持对风险和收益的敏锐洞察，精准权衡，动态调整，才能在波涛汹涌的市场中稳健前行，实现投资的成功和企业的繁荣。

融资者的解答

对于公司可能面临的各种风险，我们进行了全面的量化评估。市场风险方面，通过市场调研和数据分析，预估其发生概率为（数量）%，可能导致的损失程度约为（具体金额或比例）。经营风险方面，基于过往经验和行业数据，发生概率约为（数量）%，损失程度预计在（具体范围）。财务风险方面，通过财务模型和压力测试，概率约为（数量）%，潜在损失可达（具体数值）。

预期的投资收益经过谨慎预测，足以覆盖可能的风险损失。在考虑风险调整后，投资回报率能够满足设定的投资目标。我们采用了多种风险调整指标进行评估，结果均显示该投资具有吸引力。

在不同的风险情景下，对投资组合进行了模拟分析。结果表明，即使在较为极端的风险情况下，投资组合仍具有一定的抗风险能力，能够保持相对稳定的价值。我们通过资产配置的多元化和风险对冲策略来增强组合的韧性。

投资决策与个人或机构的风险承受能力和投资策略相匹配。在制定投资方案之前，充分了解了您的风险偏好和投资目标，并据此设计了相应的方案。如果您的风险承受能力或投资策略发生变化，我们也能够及时调整投资决策。

在投资过程中，会持续、动态地评估风险和收益比。建立了完善的监测机制，定期收集和分析相关数据，一旦发现风险和收益比出现不利变化，将及时调整投资决策。调整的方式包括调整资产配置、优化投资组合、采取风险对冲措施等，以确保投资始终在可接受的风险范围内实现预期收益。

第九篇
箴言献策

 **一**

企业持续发展的21个策略与成功之道

在当今竞争激烈、变化迅速的商业环境中，企业若要实现可持续发展并取得卓越成就，需要综合运用一系列的策略和方法。以下将对企业发展的21个策略进行深入探讨，揭示其在企业成长道路上的重要性和实施路径。

（一）回归初心：价值之源

明确企业的核心目标和价值观，始终坚守初心，为客户创造价值，这是企业发展的根本出发点。初心是企业的灵魂所在，它承载着企业创立的初衷和使命。

一个清晰而坚定的核心目标能够为企业指明方向，让全体员工在日常工作中明白努力的方向和意义。例如，一家致力于提供环保解决方案的企业，其核心目标可能是通过创新技术减少环境污染，为社会创造更美好的生态环境。

价值观则是企业的行为准则和道德底线，它决定了企业在面对利益冲突和艰难抉择时的立场。坚守诚信、创新、客户至上等价值观，能够赢得客户的信任和社会的尊重。

为客户创造价值是企业存在的意义。只有不断满足客户的需求，提供优质的产品或服务，解决客户的痛点，企业才能获得客户的认可和支持，从而实现长期发展。

在企业发展的过程中，会面临各种诱惑和挑战，但只要坚守初心，就能保持清醒的头脑，不偏离正确的轨道。无论是在产品研发、市场营销还是客户服务方面，都能以创造价值为导向，做出符合企业长远利益的决策。

📋⭐（二）做大业务：规模拓展

通过不断拓展市场、增加客户群体和提高销售额，实现业务规模的扩大，是企业发展的重要目标之一。

拓展市场需要深入了解不同地区的市场需求、竞争态势和政策环境，制定针对性的市场进入策略。可以通过市场调研、分析竞争对手等手段，发现潜在的市场机会，然后有针对性地推出产品或服务。

增加客户群体则需要通过精准的市场定位和有效的营销手段来吸引新客户。这可能包括利用社交媒体、广告宣传、参加行业展会等方式提高企业的知名度和影响力，吸引更多潜在客户的关注。

提高销售额不仅要依靠增加客户数量，还要注重提高客户的购买频次和单次购买金额。可以通过优化产品组合、推出促销活动、提供增值服务等方式，激发客户的购买欲望，提高客户的满意度和忠诚度。

做大业务需要企业具备强大的市场开拓能力、销售团队和供应链管理能力，同时要不断优化业务流程，提高运营效率，以适应业务规模的快速增长。

📋⭐ （三）做强业务：质量为本

注重产品或服务的质量和竞争力，提升企业在市场中的地位和赢利能力，是企业实现可持续发展的关键。

高质量的产品或服务是企业赢得客户信赖和口碑的基础。要确保产品或服务符合甚至超越行业标准，不断进行质量改进和创新。通过引入先进的生产技术、严格的质量控制体系和持续的研发投入，提升产品或服务的性能、稳定性和可靠性。

竞争力的提升则需要企业在多个方面下功夫。比如，优化产品或服务的特色和差异化，满足客户的个性化需求；降低成本，提高性价比；提供优质的售前、售中、售后服务，增强客户体验等。

在市场中，只有具备强大竞争力的企业才能占据有利地位，获得更多的市场份额和利润。做强业务需要企业不断关注市场动态和客户需求的变化，及时调整策略，持续提升自身的实力和竞争力。

★（四）做足现金流：稳健运营

确保企业有稳定的现金流，以支持日常运营和发展需求，是企业生存和发展的命脉。

现金流就像企业的血液，它的稳定与否直接关系到企业的生死存亡。稳定的现金流能够保证企业按时支付员工工资、供应商货款、租金等各项费用，维持企业的正常运转。

为了做足现金流，企业需要加强财务管理，优化资金结构，合理安排资金的使用。一方面，要加强应收账款的管理，及时回收货款，减少坏账损失；另一方面，要控制库存水平，避免资金积压在存货上。

同时，企业还可以通过多种方式拓宽融资渠道，如银行贷款、股权融资、债券发行等，确保在需要资金时能够及时获得支持。此外，合理规划投资项目，确保投资回报能够及时回流，也是保持现金流稳定的重要手段。

★（五）技术持续迭代升级：创新驱动

保持对技术的敏感性，不断进行技术创新和升级，以保持领先地位，是企业在当今科技飞速发展时代的必然选择。

技术的发展日新月异，企业如果不能及时跟上技术进步的步伐，很容易被市场淘汰。因此，要密切关注行业内的技术动态和趋势，积极投入研发资源，进行技术创新。

技术创新可以体现在产品的改进、生产工艺的优化、新业务模式的探索等多个方面。例如，通过引入人工智能、大数据、物联网等新技术，提升产品的智能化水平，提高生产效率，优化客户服务体验。

持续的技术升级能够使企业在市场竞争中保持优势，满足客户不断变化的需求，开拓新的市场空间。同时，技术创新还能为企业带来成本降低、效率提高等经济效益，增强企业的赢利能力。

（六）做强团队：人才支撑

吸引和培养优秀的人才，打造高效协作的团队，为企业发展提供坚实的人力支持，是企业成功的关键因素之一。

优秀的人才是企业的宝贵财富，他们具有专业知识、创新思维和丰富的经验，能够为企业带来新的思路和解决方案。企业要通过具有吸引力的薪酬福利、良好的工作环境和广阔的发展空间，吸引行业内的优秀人才加入。

培养人才同样重要，通过内部培训、导师制度、项目实践等方式，提升员工的专业技能和综合素质，使他们能够适应企业不断发展的需求。

打造高效协作的团队需要营造良好的团队文化，促进成员之间的沟通与合作。明确团队的目标和分工，建立有效的协作机制和激励机制，激发团队成员的积极性和创造力，让团队能够发挥出最大的效能。

📋★（七）招募牛人：智慧引领

积极寻找行业内的顶尖人才，为企业带来新的思维和创新能力，是企业实现突破和发展的重要途径。

牛人的加入能够为企业带来新的视野和理念，他们在行业内的经验和人脉资源往往能够为企业打开新的局面。他们可能具有独特的技术专长、卓越的管理能力或敏锐的市场洞察力，能够帮助企业解决难题，发现新的商机。

为了招募到牛人，企业需要制定具有吸引力的人才引进策略，包括提供具有竞争力的薪酬待遇、个性化的发展机会和宽松的创新环境。同时，要善于通过各种渠道发现和接触牛人，如高端人才招聘会、猎头公司、行业论坛等。

一旦牛人加入企业，要为他们提供充分的发挥空间和支持，让他们能够快速融入团队，为企业创造价值。

📋⭐（八）做好培训：能力提升

提供持续的培训和学习机会，提升员工的专业技能和综合素质，是企业保持竞争力和实现可持续发展的必要举措。

随着市场环境的变化和技术的不断进步，员工的知识和技能需要不断更新和提升。通过内部培训课程、外部培训课程、在线学习平台等多种方式，为员工提供丰富的学习资源。

培训内容可以涵盖专业技能培训、管理能力培训、沟通技巧培训、领导力培训等多个方面，根据员工的岗位需求和个人发展规划进行有针对性的培训。

持续的培训不仅能够提高员工的工作能力和绩效，还能够增强员工的归属感和忠诚度，促进企业的人才发展和团队建设。

📋⭐（九）做深文化：凝聚力量

培育积极向上的企业文化，增强员工的凝聚力和归属感，是企业发展的内在动力。

企业文化是企业的精神支柱，它体现了企业的价值观、使命和愿景，影响着员工的行为和态度。积极向上的企业文化能够营造良好的工作氛围，激发员工的工作热情和创造力。

通过组织各种文化活动、团队建设活动、员工关爱活动等，让员工在工作之余感受到企业的温暖和关怀，增强员工之间的情感联系。同时，企业领导者要以身作则，践行企业文化，为员工树立榜样。

当员工认同并接受企业文化时，他们会更加自觉地遵守企业的规章制度，为实现企业的目标而努力奋斗。强大的企业文化能够吸引和留住优秀人才，提升企业的社会形象和品牌价值。

（十）建机制：高效运行

建立科学合理的管理机制和流程，提高企业的运营效率和决策科学性，是企业规范化发展的重要保障。

合理的管理机制包括明确的组织架构、职责分工、绩效考核制度等，能够使企业内部的各项工作有序进行，避免职责不清、推诿扯皮等问题。

科学的流程设计能够优化业务流程，减少不必要的环节和浪费，提高工作效率和质量。例如，采购流程、生产流程、销售流程等都需要进行不断的优化和改进。

在决策方面，建立科学的决策机制，收集充分的信息，进行深入的分析和评估，确保决策的科学性和合理性。同时，要建立有效的监督和反馈机制，及时发现和解决机制运行中出现的问题，不断完善和优化管理机制和流程。

⭐ （十一）建制度：规范管理

完善企业的各项规章制度，确保企业运营的合法性和规范性，是企业健康发展的基石。

规章制度涵盖了企业的各个方面，如财务制度、人力资源制度、质量管理制度、安全管理制度等。这些制度为企业的日常运营提供了明确的准则和规范，保障企业的各项活动有章可循。

合法合规的运营是企业生存的底线，违反法律法规可能给企业带来严重的后果。通过建立完善的制度体系，能够有效防范法律风险，保障企业的稳定发展。

同时，制度的执行要严格公正，对违反制度的行为要进行及时的处理和纠正，维护制度的权威性。随着企业的发展和外部环境的变化，要及时对规章制度进行修订和完善，使其始终适应企业的发展需求。

⭐ （十二）建渠道：拓展市场

拓展多元化的销售渠道和合作伙伴关系，扩大市场覆盖范围，是企业实现增长的重要途径。

传统的销售渠道如直营店、经销商、代理商等仍然发挥着重要作用，但随着互联网的发展，电商平台、社交媒体等新兴渠道也为企业提供了更多的机会。企业要根据自身产品或服务的特点，选择合适的销售渠道组合，实现线上线下的融合发展。

建立合作伙伴关系可以实现资源共享和优势互补。与供应商建立长期稳定的合作关系，能够确保原材料的稳定供应和质量保证；与其他企业进行战略合作，可以共同开拓市场，降低风险，提高竞争力。

此外，参加行业展会、举办招商活动等也是拓展渠道和合作伙伴的有效方式。通过不断拓展渠道和建立合作关系，企业能够将产品或服务推向更广阔的市场，提高市场份额和销售额。

（十三）建战略：指引方向

制定长远的发展战略和规划，明确企业的发展方向和目标，是企业发展的顶层设计。

发展战略需要综合考虑内外部环境因素，包括市场趋势、竞争对手、企业自身的资源和能力等。通过对这些因素的分析，确定企业的核心竞争力和差异化优势，制定出符合企业实际情况的战略选择。

　　战略规划要具有前瞻性和可操作性，明确企业在不同阶段的发展目标和重点任务，并制定相应的策略和措施。例如，在短期内可能侧重于产品研发和市场推广，在长期内可能着眼于品牌建设和国际化发展。

　　战略的制定不是一劳永逸的，需要根据市场变化和企业发展情况进行动态调整和优化。同时，要将战略目标分解为具体的年度计划和部门目标，确保战略能够得到有效的执行和落地。

📋⭐ （十四）重整合：协同发展

　　善于整合内外部资源，实现资源的优化配置和协同效应，是提升企业综合实力的重要手段。

　　内部资源包括人力、物力、财力、技术等，企业要对这些资源进行有效的整合和调配，使其发挥最大的效益。例如，通过跨部门协作，实现技术与市场的紧密结合，推出更具竞争力的产品。

　　外部资源包括供应商、客户、合作伙伴、政府等，通过与他们建立良好的合作关系，整合各方的优势资源，实现互利共赢。比如，与供应商共同研发新产品，与客户合作开展市场调研等。

整合资源需要企业具备敏锐的洞察力和强大的协调能力，能够发现资源之间的协同点，并通过有效的沟通和合作机制，实现资源的整合和协同发展。

📋⭐（十五）重合作：互利共赢

加强与供应商、客户、合作伙伴等的合作，共同创造价值，是企业发展的重要策略。

与供应商建立长期稳定的合作关系，能够保证原材料的供应稳定和质量可靠，降低采购成本，提高供应链的效率。同时，与供应商共同创新，共同改进产品和服务，能够提升整个产业链的竞争力。

客户是企业的衣食父母，与客户保持密切的合作，了解他们的需求和反馈，不断改进产品和服务，能够提高客户满意度和忠诚度。通过与客户合作开展项目，共同解决问题，能够建立更加深厚的合作关系。

与合作伙伴进行合作，可以整合双方的资源和优势，共同开拓市场，降低风险，实现规模效应。合作的形式多种多样，如联合研发、联合营销、战略联盟等。

在合作过程中，要坚持诚信、互利、共赢的原则，建立良好的沟通机制和合作模式，共同应对挑战，实现共同发展。

📋★（十六）重诚信：立业之本

坚守诚信经营的原则，树立良好的企业形象和信誉，是企业赢得市场和社会认可的基础。

诚信是企业的无形资产，它体现在企业的各个方面，如产品质量、服务承诺、合同履行、信息披露等。只有诚实守信，才能赢得客户的信任和口碑，吸引更多的合作伙伴和投资者。

一旦企业失去诚信，将面临严重的声誉危机，可能导致客户流失、合作伙伴解约、投资者撤资等后果。因此，企业要始终将诚信作为经营的底线，严格遵守法律法规和商业道德规范。

同时，企业要通过积极的宣传和公关活动，传播企业的诚信理念和实践，树立良好的企业形象和信誉，提升企业的品牌价值和社会影响力。

📋★（十七）重责任：社会担当

积极履行企业的社会责任，关注环境保护和社会公益事业，是企业可持续发展的必然要求。

企业作为社会的一分子，不仅要追求经济利益，还要关注社会的发展和进步。在环境保护方面，企业要采用环保的生产工艺和材料，减少污染排放，推动可持续发展。

在社会公益事业方面，企业可以通过捐赠、志愿服务、扶贫助困等方式，为社会做出贡献。积极履行社会责任能够提升企业的社会形象和声誉，增强员工的归属感和自豪感，同时也能够获得政府和社会的支持和认可。

此外，社会责任的履行还能够促进企业的创新和发展，例如，开发环保产品和服务，满足社会对可持续发展的需求。

📋⭐（十八）做关系：营造环境

建立良好的人际关系和社会网络，为企业发展创造有利的外部环境，是企业发展的重要支撑。

在企业内部，要营造和谐的人际关系氛围，促进员工之间的沟通和协作。领导与员工之间要建立良好的沟通渠道，关心员工的工作和生活，增强员工的归属感和忠诚度。

在企业外部，要与政府部门、行业协会、媒体等建立良好的关系，及时了解政策法规和行业动态，为企业的发展争取有利的政策支持和舆论环境。

同时，要积极参与行业交流活动，拓展人脉资源，与同行企业建立合作关系，共同推动行业的发展。良好的人际关系和社会网络能够为企业提供更多的信息和资源，帮助企业解决问题，抓住发展机遇。

📋 （十九）做人脉：资源汇聚

积累广泛的人脉资源，为企业获取信息、合作机会和支持提供帮助，是企业发展的重要助力。

人脉资源包括行业专家、学者、企业家、政府官员等，他们在各自的领域具有丰富的经验和资源。通过与他们建立联系和交流，企业能够获取最新的行业信息、技术趋势和政策动态，为企业的决策提供参考。

人脉还能够为企业带来合作机会，通过人脉的介绍和推荐，企业可以与潜在的合作伙伴建立联系，开展合作项目。在企业遇到困难时，人脉资源也能够为企业提供支持和帮助，如资金支持、技术支持、管理咨询等。

做人脉需要企业积极主动地参与社交活动，展示企业的实力和形象，同时要注重与他人的真诚交流和合作，建立长期稳定的人脉关系。

📋 （二十）找背书：权威认可

争取行业内权威机构或知名人士的认可和推荐，提升企业的信誉和影响力，是企业树立品牌形象的有效途径。

行业内的权威机构和知名人士具有较高的声誉和影响力，他们的认可和推荐能够为企业增加可信度和吸引力。企业可以通过参加行业评选、获得奖项、与权威机构合作等方式，争取得到他们的认可。

知名人士的推荐和代言也能够提升企业的品牌知名度和形象。例如，邀请行业专家为企业的产品或服务进行背书，能够增强消费者对企业的信任和认可。

找背书需要企业具备一定的实力和优势，同时要善于与权威机构和知名人士进行沟通和合作，展示企业的价值和潜力。

⭐（二十一）找蓝海：创新机遇

不断寻找新的市场机会和发展空间，避免过度竞争的红海市场，是企业实现突破和持续发展的关键。

红海市场通常竞争激烈，利润空间有限，企业在其中难以获得显著的竞争优势。而蓝海市场则是尚未被充分开发和竞争的领域，存在着巨大的市场潜力和发展机遇。

企业要通过市场调研、技术创新、消费趋势分析等手段，寻找新的需求和痛点，开拓新的业务领域和市场空间。例如，随着人们生活水平的提高和健康意识的增强，健康产业、智能家居等领域成为新的蓝海市场。

在寻找蓝海的过程中，企业需要具备创新的思维和勇气，敢于突破传统的商业模式和竞争格局，同时要具备快速响应市场变化和适应新环境的能力。

综上所述，企业的发展是一个综合性的系统工程，需要从多个维度进行思考和行动。回归初心、做大做强业务、做足现金流、持续技术创新、打造优秀团队、建立完善的机制和制度、拓展渠道和战略规划、注重整合与合作、坚守诚信和责任、构建良好的关系和人脉网络、争取背书和寻找蓝海市场等策略相互关联、相互促进，共同推动企业实现可持续发展和卓越成就。只有在这些方面不断努力和完善，企业才能在激烈的市场竞争中立于不败之地，创造出更加辉煌的未来。

企业想要融资成功的 14 个关键要素

在当今竞争激烈的商业环境中，融资对于创业公司的发展至关重要。能否成功获得融资并持续受到资本的青睐，取决于多个关键因素。以下将对这 14 个关键因素进行详细探讨，以帮助创业公司及企业家更好地解决融资问题。

（一）赛道一定要好

选择一个好的赛道是企业获得融资的首要条件。一个好的赛道通常具有以下特点：

1. **巨大的市场规模**：市场规模越大，企业的发展空间就越大。如果赛道所对应的市场规模过小，即使企业能够占据较大的市场份额，其总体营收和利润也可能有限，难以吸引投资者的关注。例如，在新兴的人工智能医疗领域，潜在的市场规模巨大，涵盖了疾病诊断、药物研发、医疗影像分析等多个细分市场，为企业提供了广阔的发展空间。

2. **高增长潜力**：处于快速增长阶段的赛道能够为企业带来更多的机会。这可能是由于技术进步、消费需求升级、政策支持等因素驱动。比如，随着 5G 技术的普及，物联网行业迎来了爆发式增长，相关企业在这个赛道上有更多机会获得高额的投资回报。

3. 竞争程度低： 竞争激烈的赛道往往意味着市场份额的争夺更加艰难，利润空间被压缩。相反，选择一个竞争相对较小的赛道，企业更容易脱颖而出，吸引投资者的目光。例如，在一些特定的垂直细分领域，如工业互联网中的特定工艺流程优化，竞争相对缓和，为创新型企业提供了更多机会。

创业公司在选择赛道时，需要进行深入的市场调研和分析，了解行业趋势、市场需求、竞争格局等因素，确保所选赛道具有良好的发展前景和投资价值。

（二）战略一定要清

清晰的战略是企业发展的指南针，也是吸引投资者的重要因素。一个清晰的战略应该包括以下几个方面：

1. 明确的长期目标： 企业需要明确自己在未来 5~10 年内想要达到的目标，例如成为行业领导者、实现上市、推动行业变革等。长期目标能够为企业的发展提供方向和动力，让投资者看到企业的雄心壮志。

2. 具体的短期规划： 在明确长期目标的基础上，制定详细的短期规划，包括年度计划和季度计划。短期规划应该具有可操作性和可衡量性，明确每个阶段的重点任务、关键指标和实施步骤。

3. 合理的战略路径： 确定实现长期目标的具体路径和策略，例如通过技术创新、市场拓展、战略合作、并购重组等方式来提升企业的竞争力和市场份额。

4. 灵活的战略调整： 市场环境是不断变化的，企业的战略也需要根据实际情况进行灵活调整。当市场出现新的机遇或挑战时，能够及时调整战略方向和策略，以适应市场变化。

投资者希望看到企业有清晰的战略规划，知道企业如何在激烈的市场竞争中脱颖而出，实现长期的可持续发展。

（三）痛点一定要准

准确把握市场痛点是企业成功的关键之一。只有解决了真正的痛点，企业的产品或服务才会有市场需求。

1. 深入的市场调研： 通过问卷调查、用户访谈、数据分析等方式，深入了解目标客户的需求和痛点。了解他们在工作、生活中遇到的问题，以及对现有解决方案的不满之处。

2. 关注未被满足的需求： 市场上往往存在一些尚未被充分满足的需求，这些就是潜在的痛点。例如，在共享经济领域，传统的出行方式存在诸多不便，共享汽车和共享单车的出现解决了用户出行"最后一公里"的痛点。

3. 区分伪痛点和真痛点：有些需求看似是痛点，但实际上可能是伪需求。例如，一些过于理想化或小众的需求，可能不具备大规模商业推广的价值。要准确区分真痛点和伪痛点，确保企业的产品或服务能够真正解决大多数用户的实际问题。

只有找准了痛点，企业的产品或服务才能够具有针对性和竞争力，吸引投资者的关注。

（四）产品一定要新

在竞争激烈的市场中，创新的产品是企业脱颖而出的关键。

1. 独特的价值主张：产品要有独特的卖点，能够为用户提供与竞争对手不同的价值。这可能是更高的性能、更便捷的使用方式、更低的成本、更好的用户体验等。

2. 技术创新：运用新的技术或工艺，提升产品的性能和质量。例如，采用人工智能技术实现智能客服，提高服务效率和质量；利用新材料提高产品的耐用性和环保性。

3. 满足用户需求的升级：在现有产品的基础上，根据用户反馈和市场需求进行升级和改进。不断优化产品的功能、设计和服务，以满足用户日益变化的需求。

4. 引领市场趋势：具有前瞻性，能够预测市场需求的变化，提前推出符合未来趋势的产品。例如，在智能家居领域，提前布局全屋智能系统，引领行业发展潮流。

新颖的产品能够吸引用户的关注，增加市场份额，同时也能让投资者看到企业的创新能力和发展潜力。

（五）团队一定要强

强大的团队是企业成功的核心保障，也是投资者关注的重点。

1. 丰富的行业经验：团队成员在相关行业拥有多年的从业经验，熟悉行业的发展趋势、市场规律和竞争环境。他们能够凭借经验做出准确的决策，避免不必要的风险。

2. 专业的技能：团队成员具备各自领域的专业知识和技能，如技术研发、市场营销、财务管理、运营管理等。各成员之间能够优势互补，形成一个完整的能力体系。

3. 强大的执行力：团队不仅要有好的想法，还要能够将想法迅速转化为实际行动。能够高效地完成任务，达成目标，展现出强大的执行能力。

4. 良好的团队合作精神：团队成员之间相互信任、相互支持，能够充分沟通和协作。在面对困难和挑战时，能够共同克服，形成强大的团队凝聚力。

5. 优秀的领导者：领导者要有清晰的战略思维、卓越的领导力和决策能力。能够带领团队朝着正确的方向前进，激发团队成员的积极性和创造力。

一个强大的团队能够有效地推动企业的发展，让投资者对企业的未来充满信心。

（六）股权一定要明

清晰明确的股权结构是企业稳定发展的基础，也是投资者关注的重要方面。

1. 合理的股权分配：创始人、核心团队成员、投资者之间的股权分配要合理，既能保证创始人对企业的控制权，又能激励团队成员的积极性，同时也要让投资者获得相应的权益。

2. 股权清晰无纠纷：股权结构要清晰，不存在潜在的股权纠纷和法律风险。所有的股权变更都要有合法的手续和记录，确保股权的合法性和可追溯性。

3. 股东权益明确：明确股东的权利和义务，包括决策权、分红权、知情权等。避免因股东权益不明确而导致的内部矛盾和冲突。

4. 股权激励机制：建立有效的股权激励机制，吸引和留住优秀人才。通过给予员工股权或期权，将员工的利益与企业的发展紧密结合起来，激发员工的工作积极性和创造力。

清晰明确的股权结构能够让投资者放心投资，也有利于企业的长期稳定发展。

📋⭐（七）架构一定要稳

稳定的组织架构是企业高效运作的保障。

1. **适应企业发展阶段**：组织架构要与企业的发展阶段相适应。在初创期，组织架构应尽量简单灵活，便于快速决策和执行；随着企业的发展壮大，逐步完善和优化组织架构，以适应业务的多元化和规模的扩大。

2. **职责明确**：各部门和岗位的职责要明确，避免职责不清导致的工作推诿和效率低下。每个员工都清楚自己的工作职责和目标，知道自己在组织中的位置和作用。

3. **沟通顺畅**：建立有效的沟通机制，确保信息在企业内部能够快速、准确地传递。部门之间、上下级之间能够保持良好的沟通和协作，及时解决问题。

4. **决策高效**：优化决策流程，提高决策效率。在重大决策时，能够充分收集各方意见，权衡利弊，做出及时、准确的决策。

5. **具备灵活性**：组织架构要具备一定的灵活性，能够根据市场变化和业务需求进行快速调整和优化，以适应外部环境的变化。

稳定而高效的组织架构能够提高企业的运营效率，增强企业的竞争力，为融资成功打下坚实的基础。

📋★（八）模式一定要轻

轻模式的企业在融资中往往更具优势。

1. 低资产投入：尽量减少对固定资产的依赖，降低前期的资金投入和运营成本。例如，采用共享办公空间、租赁设备等方式，减少自有资产的购置和维护成本。

2. 快速扩张：轻模式能够更容易地实现快速复制和扩张。通过标准化的流程和运营模式，可以在短时间内快速占领市场，扩大规模。

3. 高灵活性：能够根据市场变化迅速调整业务方向和运营策略，降低转型成本和风险。

4. 注重核心业务：将资源集中在核心业务上，提高核心竞争力。例如，一些互联网企业专注于产品研发和用户运营，将非核心业务外包，提高运营效率。

5. 赢利周期短：相较于重模式，轻模式的企业往往能够更快地实现盈利，降低投资者的风险。

轻模式能够让企业在资源有限的情况下，快速发展壮大，提高融资的成功率。

▣ （九）价格一定要优

合理的价格策略对于企业的融资和发展至关重要。

1. 估值合理：企业的估值要基于其实际的财务状况、市场前景、竞争优势等因素进行合理评估。既不能过高，让投资者望而却步；也不能过低，损害企业和股东的利益。

2. 成本控制：要注重成本控制，降低运营成本和生产成本，提高企业的赢利能力。在制定价格时，充分考虑成本因素，确保产品或服务具有合理的利润空间。

3. 市场竞争力：价格要具有市场竞争力，既要能够与竞争对手相比具有优势，又要能够满足企业的盈利要求。通过优化供应链、提高生产效率等方式，降低成本，从而在价格上更具竞争力。

4. 定价策略灵活：根据市场需求和竞争情况，灵活调整价格策略。例如，在促销活动期间可以适当降低价格，吸引客户；在市场需求旺盛时，可以适当提高价格，提高利润。

合理的价格策略能够提高企业的市场竞争力，吸引投资者的关注。

📋（十）速度一定要快

在竞争激烈的市场中，速度是企业赢得竞争的关键。

1. 产品研发速度： 加快产品的研发进度，缩短产品的上市时间。能够迅速响应市场需求，推出新产品，抢占市场先机。

2. 市场拓展速度： 快速拓展市场，提高市场份额。通过有效的营销手段和渠道拓展，迅速将产品或服务推向市场，覆盖更多的客户群体。

3. 决策速度： 在面对市场变化和竞争挑战时，能够迅速做出决策，调整战略和策略。避免因决策迟缓而错失机会。

4. 反应速度： 对客户的反馈和投诉能够迅速做出反应，及时解决问题，提高客户满意度。

5. 融资速度： 在需要融资时，能够迅速准备好相关资料，与投资者进行沟通和谈判，尽快获得资金支持。

快速的发展速度能够让企业在市场中占据主动地位，吸引更多的投资。

📋（十一）数据一定要涨

持续增长的数据是企业发展潜力的重要体现。

1. 用户数量增长： 用户是企业的核心资产，用户数量的持续增长表明企业的产品或服务得到了市场的认可。通过有效的市场推广和用户获取策略，不断增加用户数量。

2. **收入增长：**企业的收入增长是衡量其赢利能力和发展前景的重要指标。通过提高产品或服务的销售额、拓展新的业务领域等方式，实现收入的持续增长。

3. **利润增长：**在收入增长的同时，要注重利润的增长。通过优化成本结构、提高运营效率等方式，提高企业的利润率。

4. **市场份额增长：**不断提高企业在所属行业的市场份额，表明企业的竞争力在增强。通过产品创新、市场拓展等手段，扩大市场份额。

5. **关键指标增长：**根据企业的特点和行业属性，关注一些关键指标的增长，如日活跃用户数、客单价、复购率等。

持续增长的数据能够让投资者看到企业的发展潜力和投资价值。

（十二）营销一定要猛

强大的营销能力是企业打开市场、提升品牌知名度的关键。

1. **明确的营销策略：**制定清晰的营销策略，明确目标市场、目标客户和营销渠道。根据产品或服务的特点和市场需求，选择合适的营销方式。

2. 品牌建设：注重品牌形象的塑造和品牌价值的提升。通过品牌宣传、品牌故事、品牌文化等方面的建设，打造具有独特魅力和影响力的品牌。

3. 多渠道推广：利用多种渠道进行推广，包括线上渠道（如社交媒体、搜索引擎优化、电商平台等）和线下渠道（如广告投放、活动营销、公关活动等）。实现全方位、多角度的营销覆盖。

4. 内容营销：通过优质的内容吸引用户的关注，如文章、视频、图片等。内容要有价值、有趣、有吸引力，能够引起用户的共鸣和分享。

5. 客户关系管理：注重客户关系的维护和管理，提高客户满意度和忠诚度。通过客户反馈、客户关怀、会员制度等方式，增强客户与企业之间的黏性。

强大的营销能力能够让企业在市场中迅速获得关注，提高产品或服务的销售额，为企业的发展提供有力支持。

（十三）品牌一定要亮

鲜明的品牌形象是企业在市场竞争中的重要资产。

1. 独特的品牌定位：在众多竞争对手中，确立独特的品牌定位，能让消费者清晰地识别和记住品牌。例如，苹果以创新和高端设计为品牌定位，在消费者心中树立了独特的形象。

2. 优质的品牌体验：从产品质量、服务水平、用户界面等多个方面为消费者提供优质的体验。让消费者在与品牌接触的每一个环节都感受到品牌的价值和魅力。

3. 良好的品牌声誉：通过诚信经营、社会责任履行等方式，树立良好的品牌声誉。在消费者心中建立起信任和好感，提高品牌的美誉度。

4. 品牌传播：运用各种传播渠道和手段，将品牌形象传递给目标客户。包括广告、公关、口碑传播等，不断扩大品牌的影响力和知名度。

5. 品牌创新：随着市场变化和消费者需求的演变，不断对品牌进行创新和升级。保持品牌的新鲜感和吸引力，适应市场的变化。

一个响亮的品牌能够提高企业的产品附加值，增强消费者的忠诚度，为企业的融资和发展创造有利条件。

（十四）赚钱一定要久

持续稳定的赢利能力是企业长期发展的根本保障。

1. 可持续的商业模式：建立一种能够长期持续盈利的商业模式。这种模式要能够适应市场变化和竞争挑战，具有较强的抗风险能力。

2. **多元化的收入来源**：避免过度依赖单一的产品或客户，通过拓展业务领域、开发新的产品或服务、开拓新的市场等方式，实现收入来源的多元化。

3. **成本控制与效率提升**：持续优化成本结构，降低运营成本。通过提高生产效率、优化管理流程等方式，提高企业的运营效率和赢利能力。

4. **风险管理**：识别和评估各种潜在的风险，如市场风险、政策风险、技术风险等，并采取有效的措施进行风险防范和应对。确保企业在面临风险时能够保持稳定的赢利能力。

5. **长期规划**：制定长期的发展规划，明确企业在不同阶段的盈利目标和发展策略。通过持续的努力和积累，实现长期稳定的盈利。

只有具备持续稳定的赢利能力，企业才能在激烈的市场竞争中立于不败之地，赢得投资者的长期支持和信赖。

综上所述，一个企业要想成功获得融资并持续受到资本的追捧，需要在赛道选择、战略规划、痛点把握、产品创新、团队建设、股权结构、组织架构、商业模式、价格策略、发展速度、数据表现、营销能力、品牌塑造和赢利能力等多个方面下功夫。这些因素相互关联、相互影响，共同构成了企业融资成功的关键要素。创业公司及企业家们只有深入理解并切实落实这些要素，才能在融资道路上取得成功，实现企业的快速发展和持续壮大。

箴言献策 三 创始人与投资人之间的 14 种关系

在当今竞争激烈的商业世界中，一家公司若渴望做大做强并顺利上市，创始人与投资人之间的关系无疑是至关重要的。这一关系犹如船只的龙骨，稳固而坚定地支撑着企业在波涛汹涌的市场海洋中破浪前行。以下对创始人与投资人关系重要性的观点进行深入探讨。

（一）相互信任：基石之筑

相互信任是创始人与投资人关系的基石。没有信任，双方的合作就如同建立在流沙之上，随时可能崩塌。创始人需要相信投资人的专业判断和资源支持，投资人则要信任创始人的愿景、能力和执行策略。

当创始人对投资人坦诚相待，分享公司的真实情况，包括优势、挑战和潜在风险时，投资人能够更准确地评估公司的价值和前景，从而提供更有针对性的帮助。反过来，投资人对创始人的信任，表现为给予充分的决策自主权，不进行过度干预，让创始人能够发挥其创造力和领导力。这种信任的氛围能够激发双方的积极性和忠诚度，为公司的发展注入强大的动力。

📋★（二）共同目标：航行之向

共同的目标是引领创始人与投资人携手前行的灯塔。只有当双方在公司的发展方向、长期愿景和短期目标上达成一致，才能形成合力，避免内耗。

例如，创始人可能期望通过创新的产品或服务改变行业格局，打造一家具有社会影响力的企业；而投资人则可能追求可观的财务回报和投资组合的优化。然而，这并不意味着两者的目标必然冲突。通过深入的沟通和协商，双方可以找到一个契合点，那就是将公司做大做强，提升市场份额和赢利能力，从而实现创始人的理想和投资人的利益。

共同目标的确立需要双方充分了解彼此的需求和期望，并在公司的战略规划中予以体现。一旦明确了共同的目标，创始人与投资人就能在面对困难和决策时保持一致的立场，共同为实现这一目标而努力奋斗。

📋★（三）有效沟通：桥梁之架

有效沟通是联结创始人与投资人的桥梁。及时、准确、透明的信息交流能够消除误解，促进合作。

创始人应当定期向投资人汇报公司的运营状况、财务数据、业务进展以及面临的问题。投资人也应积极倾听创始人的想法和需求，提供建设性的意见和建议。在沟通方式上，可以采用面对面会议、电话会议、邮件等多种形式，确保信息的传递畅通无阻。

同时，有效的沟通还包括对不同意见的尊重和包容。当双方在某些问题上存在分歧时，应以理性的态度进行讨论，寻求共识。通过良好的沟通，创始人能够更好地理解投资人的期望和要求，投资人也能更深入地了解公司的实际情况，为双方的合作奠定坚实的基础。

📋★（四）专业能力互补：协同之能

创始人与投资人往往具有不同的专业背景和能力，这种互补性能够为公司带来协同效应。

创始人通常具备创新思维、行业洞察力和业务执行能力，他们对公司的产品或服务有着深刻的理解和热情。而投资人则在财务、金融、市场分析等方面具有丰富的经验和专业知识，能够为公司提供资金运作、战略规划、资源整合等方面的支持。

例如，在公司的融资过程中，投资人可以凭借其对资本市场的熟悉，帮助创始人制定合理的融资方案，选择合适的融资渠道。在市场拓展方面，投资人的行业资源和人脉能够为公司打开新的市场机会。创始人与投资人的专业能力互补，能够使公司在各个领域都得到有力的支持，提高公司的综合竞争力。

📋⭐（五）资源共享：助力之翼

资源共享是创始人与投资人合作的重要优势之一。投资人通常拥有广泛的人脉、行业资源和信息渠道，这些资源对于公司的发展具有重要的推动作用。

创始人可以借助投资人的资源，引入优秀的人才、合作伙伴，获取先进的技术和管理经验。投资人也可以通过将其投资组合中的其他企业资源与被投资公司进行整合，实现协同发展。

例如，一家科技初创公司在发展过程中，投资人利用其关系网络，为公司牵线搭桥，促成了与一家大型企业的合作，使公司的技术得以在更广泛的领域应用，从而加速了公司的成长。资源共享不仅能够帮助公司解决发展过程中的资源瓶颈问题，还能够为公司创造更多的商业机会，拓展业务领域。

📋⭐（六）长期合作：稳定之锚

长期合作是创始人与投资人关系的稳定之锚。在公司的发展过程中，难免会遇到各种挑战和起伏，只有建立长期合作的关系，双方才能在困难时期相互支持，共同渡过难关。

长期合作意味着双方不仅仅关注短期的利益，而是更能着眼于公司的长期发展。投资人不会因为短期内公司业绩的波动而轻易撤资，创始人也不会为了一时的利益而损害投资人的权益。双方在长期合作中积累的信任和默契，这样能够使公司在面对复杂的市场环境时保持稳定的发展态势。

同时，长期合作还能够为公司提供持续的资金支持和战略指导，帮助公司实现从初创到成熟的跨越。在长期合作的过程中，双方可以不断调整合作策略，适应市场变化，共同推动公司的发展壮大。

📋⭐（七）公司治理：规范之纲

公司治理是确保公司健康发展的规范之纲，也是创始人与投资人关系的重要组成部分。良好的公司治理结构能够平衡各方利益，提高决策效率，降低经营风险。

创始人应当建立健全的公司治理机制，包括明确的股权结构、董事会职责、管理层激励机制等。投资人则可以通过参与董事会，为公司的治理提供监督和建议。在公司治理过程中，双方要遵循法律法规和商业道德规范，确保公司的运营合法合规、透明公正。

例如，在制定重大决策时，应通过董事会的集体讨论和决策程序，充分考虑各方利益，避免一言堂。合理的公司治理结构能够增强投资者的信心，吸引更多的资金和资源，为公司的上市打下坚实的基础。

📋⭐ （八）利益平衡：和谐之弦

利益平衡是创始人与投资人关系中的和谐之弦。在商业合作中，双方都有各自的利益诉求，如何在实现公司整体利益最大化的前提下，平衡好各方的利益，是关系到合作能否长久的关键。

创始人希望保持对公司的控制权，实现个人价值和企业愿景；投资人则追求投资回报和资本增值。为了达到利益平衡，双方可以通过合理的股权设计、利润分配机制、股权激励计划等方式，满足彼此的利益需求。

例如，在股权设计上，可以采用优先股、普通股等不同类型的股权，给予投资人一定的优先权利，同时保障创始人的控制权。在利润分配上，可以根据公司的发展阶段和业绩情况，制定合理的分配方案，既能满足投资人的回报要求，又能为公司的发展留存足够的资金。通过利益平衡，创始人与投资人能够形成利益共同体，共同为公司的发展努力。

📋⭐（九）风险共担：责任之约

风险共担是创始人与投资人之间的责任之约。在创业的道路上，充满了不确定性和风险，只有双方共同承担风险，才能在面对困难时齐心协力，共克时艰。

创始人往往投入了大量的时间、精力和个人资产，承担着公司失败的巨大风险。投资人也面临着资金损失的风险。当公司遭遇市场波动、竞争压力、政策变化等不利因素时，双方应共同分析问题，制定应对策略，而不是相互指责或逃避责任。

例如，在市场环境恶化时，投资人可以与创始人一起调整公司的发展战略，提供额外的资金支持，帮助公司渡过难关。风险共担不仅能够增强双方的合作关系，还能够激发双方的危机意识和创新精神，使公司在风险中寻找机遇，实现逆境突围。

📋⭐（十）决策支持：智慧之源

决策支持是投资人给予创始人的智慧之源。在公司的发展过程中，创始人需要面对众多复杂的决策，而投资人丰富的经验和专业知识能够为其提供宝贵的参考。

投资人可以从宏观经济环境、行业发展趋势、竞争对手分析等多个角度，为创始人提供独到的见解和建议。同时，投资人还可以利用其广泛的人脉资源，为创始人引入外部专家和顾问，帮助公司做出更明智的决策。

例如，在公司考虑进入新的市场或推出新的产品时，投资人可以组织市场调研，分析市场潜力和竞争态势，为创始人提供决策依据。创始人在充分听取投资人的意见后，结合自身对公司的了解和判断，做出更加科学合理的决策，从而降低决策风险，提高公司的成功率。

📋★（十一）战略规划：蓝图之绘

战略规划是公司发展的蓝图，创始人与投资人在这一过程中都发挥着重要的作用。

创始人通常对公司的业务和市场有着深刻的理解，能够提出具有前瞻性的战略构想。投资人则可以从更宏观的角度，对公司的战略规划进行评估和完善，确保其具有可行性和可持续性。

双方应当共同制定公司的长期战略规划，并根据市场变化和公司发展情况及时进行调整。在战略规划的制定过程中，要充分考虑公司的资源状况、竞争优势、市场需求等因素，明确公司的发展目标、业务重点和实施路径。

例如，一家互联网公司在制定战略规划时，创始人提出了基于技术创新的发展思路，投资人则建议加强市场推广和用户运营，双方经过深入讨论，形成了一套完整的战略规划，为公司的发展指明了方向。

📋 （十二）市场洞察力：前瞻之眼

市场洞察力是创始人与投资人把握商机的前瞻之眼。在快速变化的市场环境中，只有敏锐地洞察市场趋势和客户需求，公司才能在竞争中立于不败之地。

创始人凭借其对行业的热情和专注，往往能够捕捉到市场的细微变化和潜在需求。投资人则通过对多个行业和企业的观察和分析，拥有更广阔的视野和更深入的市场理解。

双方可以通过交流和合作，将各自的市场洞察力融合起来，为公司的产品研发、市场定位、营销策略等提供有力的支持。例如，在消费升级的背景下，创始人发现了消费者对高品质、个性化产品的需求，投资人则指出了相关市场的增长潜力和竞争格局，共同推动公司推出符合市场趋势的产品，赢得市场份额。

📋⭐ （十三）创新能力：发展之魂

创新能力是公司发展的灵魂，也是创始人与投资人共同关注的焦点。

创始人通常是创新的推动者和引领者，他们敢于突破传统思维，尝试新的商业模式和技术应用。投资人则可以为创新提供资金支持和资源保障，帮助公司将创新理念转化为实际的产品和服务。

在鼓励创新的过程中，双方要营造宽松的创新氛围，容忍失败，给予创新团队足够的空间和时间去探索和实践。同时，要建立有效的创新评估机制，及时筛选和推广有价值的创新成果。

例如，一家生物科技公司在研发新药的过程中，创始人提出了全新的研发思路，投资人不仅提供了充足的资金，还帮助公司搭建了国际合作平台，最终成功推出了具有突破性的新药，提升了公司的核心竞争力。

📋⭐ （十四）企业价值提升：共同之愿

提升企业价值是创始人与投资人的共同愿望。通过双方的密切合作和共同努力，公司能够在各个方面实现优化和提升，从而增加企业的价值。

这包括优化公司的财务状况、提高赢利能力、加强品牌建设、提升团队素质、拓展市场份额等。当企业价值不断提升时，创始人能够实现个人梦想和社会价值，投资人能够获得丰厚的投资回报。

例如，通过引入先进的管理理念和技术，公司提高了运营效率，降低了成本，增强了赢利能力；通过积极的品牌推广和市场拓展，公司提升了品牌知名度和市场影响力，增加了客户忠诚度。企业价值的提升是一个长期而持续的过程，需要创始人与投资人始终保持紧密合作，不断探索和创新。

综上所述，创始人与投资人之间的关系对于一家公司的做大做强并顺利上市起着举足轻重的作用。相互信任、共同目标、有效沟通、专业能力互补、资源共享、长期合作、公司治理、利益平衡、风险共担、决策支持、战略规划、市场洞察力、创新能力和企业价值提升这14个方面，相互关联、相互影响，共同构成了创始人与投资人合作的核心要素。只有当双方在这些方面建立良好的关系，形成强大的合力，才能在激烈的市场竞争中脱颖而出，实现公司的辉煌发展。

在未来的商业世界中，创始人与投资人应更加重视彼此关系的建设和维护，不断提升合作的水平和质量，为创造更多伟大的企业而共同努力。